La jeunesse de Max Weber

Logiques sociales

Collection dirigée par Bruno Péquignot

En réunissant des chercheurs, des praticiens et des essayistes, même si la dominante reste universitaire, la collection « Logiques Sociales » entend favoriser les liens entre la recherche non finalisée et l'action sociale.

En laissant toute liberté théorique aux auteurs, elle cherche à promouvoir les recherches qui partent d'un terrain, d'une enquête ou d'une expérience qui augmentent la connaissance empirique des phénomènes sociaux ou qui proposent une innovation méthodologique ou théorique, voire une réévaluation de méthodes ou de systèmes conceptuels classiques.

Dernières parutions

Juan-Luis KLEIN et Bernard PECQUEUR (dir.), *Les Living Labs, Une perspective territoriale,* 2020.

Georges JOURDAM, *Au croisement du travail et du politique : l'emploi salarié. Le cas français : mutations et transformations,* 2020.

Jacqueline FELDMAN, *Françoise Laborie (1938-2016), Histoire d'une femme en science*, 2020.

Mathieu SORDET, *La demande d'asile en France, La pénitence civilisée,* 2020.

Lionel CLARIANA, *Laïcité, radicalisation et protection de l'enfant. Articulations et enjeux sociopolitiques*, 2020.

Eguzki URTEAGA, *L'essor du vote nationaliste basque*, 2020.

Alexander María LEROY, *Penser la sexualité des personnes âgées. De Disney à l'EHPAD du XXIe siècle*, 2020.

Mélody JAN-RÉ (dir.), *L'œuvre du genre*, 2019.

Gilles VIEILLE-MARCHISET, *La conversion des corps*, 2019.

Aurélie NETZ, *Les Cercles de Femmes, Ritualiser l'identité de genre dans les spiritualités alternatives,* 2019.

Roland GUILLON, *La question sociale face à la globalisation*, 2019.

François SICOT (coord.), *Les parcours de soins en psychiatrie au prisme d'une analyse sociologique,* 2019.

Nicole LUCAS et Danielle OHANA, *Ces Françaises venues de l'Est*, 2019.

Suzie Guth

La jeunesse de Max Weber

Les lettres de Strasbourg (1883-1892)

L'Harmattan

***

5-7, rue de l'École-Polytechnique – 75005 Paris
www.editions-harmattan.fr
ISBN : 978-2-343-20143-6
EAN : 9782343201436

INTRODUCTION

Dans les pages qui suivent, nous allons évoquer le séjour strasbourgeois de Max Weber. Les jeunes Allemands allant à l'Université pouvaient devancer l'appel et n'effectuer qu'une année de classe, c'est la raison pour laquelle ils étaient appelés des *Einjährige Freiwillige,* en d'autres termes des *Volontaires Sursitaires.* Cette disposition leur permettait aussi de choisir le lieu de leur incorporation, Max Weber va choisir la capitale du Reichsland d'Alsace Lorraine : Strasbourg. Son séjour à Strasbourg comme volontaire — sursitaire est à sa charge, c'est la raison pour laquelle les questions financières occupent une telle place dans sa correspondance, il ne loge pas à la caserne, il choisit son logement librement, ses repas sont dispendieux, écrit-il, car il y a toujours du vin, et comme il l'indique, il peut aussi avoir une ordonnance moyennant paiement. Ses uniformes nécessitent aussi de multiples réparations, de l'entretien, des achats et grèvent son budget. Il juge d'ailleurs que le service militaire est plus onéreux que les études à Heidelberg. S'il a choisi Strasbourg, c'est sans doute en raison de la présence de ses oncles professeurs d'université, et de sa parenté, celle des sœurs de sa mère, de ses cousins et de ses cousines : il dispose ainsi d'un port d'attache familial, et, comme il l'indique à la fin de son séjour, il a été traité comme un fils. Il s'était déjà rendu avec Otto Baumgarten, son cousin, à Strasbourg lorsqu'il faisait ses études à Heidelberg, c'est donc en connaissance de cause qu'il arrive à Strasbourg dans des familles *Altdeustche,* on nomme ainsi les Allemands de souche, par opposition aux nouveaux Allemands que sont devenus les Alsaciens.

Pour l'Empire allemand, l'Alsace retourne dans sa patrie d'origine, et les Alsaciens qui étaient des *Frères Perdus* de l'Empire, retrouvent le Reich qu'ils avaient quitté avec la conquête française de l'Alsace au XVIIe siècle ; c'est une histoire très simplifiée, souvent fausse, des provinces de l'est de la France ou du sud de l'Allemagne, elle correspond à la propagande et à l'histoire officielle. Hermann Baumgarten, l'oncle de Max Weber pense que Strasbourg est *une ville du destin,* elle doit revenir à ce qu'elle avait été du temps de l'humaniste Johannes Sturm au XVIe siècle : une ville protestante germanique. Pourtant, Max Weber relève à maintes reprises le refus de la population de participer à l'accueil des troupes, il considère d'ailleurs les Alsaciens, alors qu'il est en Alsace, comme des étrangers par rapport aux *Nous Allemand.* Cantonné à Saverne où il dort dans un lit rempli de punaises et de puces, il voit les habitants de la région comme des canailles en raison de son impossibilité de dormir après une marche harassante de 37 km depuis Strasbourg. Nous sommes encore loin de l'Affaire de Saverne de 1913, mais nous voyons déjà poindre dans la réaction du soldat Weber, les prémisses de l'exaspération de ces lointains successeurs qui avaient traité les recrues alsaciennes de Saverne de *Wackes* ![1] Il reconnaît qu'il existe de beaux villages qu'ils ont traversés, mais la marche militaire n'incite guère au loisir de la promenade, et au plaisir d'observer son environnement. Ultérieurement lorsqu'il reviendra en Alsace pour une dernière fois, il fera une marche dans les Vosges avec des collègues

[1] Wackes : garnements, voyous

et amis. Il s'interroge cependant : que pensent-ils de nous les militaires quand ils nous voient ? La réponse en 1884, aurait été qu'ils voient en eux, et quotidiennement qu'ils sont une nation conquise par les Schwowes ou les Prussiens.[2]

Le séjour alsacien est d'abord une relation avec une famille, celle des Baumgarten avec laquelle il sympathise le plus, il évoque moins la deuxième famille, celle des Benecke, mais nous voyons au fil des lettres que la stratégie familiale, et celle de Max Weber en particulier, englobe l'ensemble des membres de ces groupes familiaux en lignée maternelle. Il se déplace, même lorsqu'il s'agit d'un déplacement militaire, auprès de sa parenté qu'il va saluer. Nous apprenons aussi que l'usage des visites, d'une cousine ou d'un cousin, auprès d'une famille apparentée pour des séjours plus longs, est un usage courant dans cette famille étendue ; d'ailleurs, Marianne Schnitger future épouse de Max Weber, en est le témoin, c'est lors d'un de ces séjours à Charlottenburg qu'elle nourrit l'ambition de vouloir épouser le fils de la maison, et s'en ouvre à Hélène Weber lorsqu'on lui propose le pasteur Göhre comme fiancé. Les liens familiaux reflètent l'élément essentiel de la socialité de Max Weber pendant cette période ; c'est du moins ce que les lettres laissent entendre. Il est probable qu'il ait beaucoup insisté sur ces relations dans sa correspondance, car ces personnes étaient connues de ses parents, il avait ainsi l'occasion de mettre à jour les évolutions de ces configurations familiales. L'épistolier s'essaye à la psychologie individuelle et interpersonnelle, il s'interroge sur le caractère, la personnalité des uns et des autres, il explore les situations avec une certaine naïveté quelquefois, et de bons sentiments, on le voit qui veut aider, même si

[2] Schwowe : désigne en alsacien d'une manière péjorative, les Allemands en général : les Boches. En allemand, le terme désigne les Souabes.

vraisemblablement son aide ne change rien à la situation, mais il se sent impliqué de par ses relations affectives. C'est Otto Baumgarten, son cousin qui représente l'ami dont il se sent proche, même si son mariage suscite de nombreuses réactions négatives dans son entourage. Celle qu'il va écouter chanter Wagner, même s'il est très fatigué par ses activités militaires, c'est Emmy, sa cousine, pour laquelle il va nourrir une grande affection et même de l'amour. La période militaire de Max Weber conduit paradoxalement au resserrement des liens familiaux avec la famille maternelle étendue, à Strasbourg, à Heidelberg et à Karlsruhe, et en même temps, elle engendre une certaine distanciation chez le soldat avec son milieu d'origine, avec la recherche de la compréhension des relations sociales et familiales.

La sœur aînée d'Hélène Weber était pour sa mère un modèle, or Max Weber ne partage pas ce point de vue, il considère qu'Ida Baumgarten s'est infligé à elle-même, au nom de l'éthique protestante, une vie avec ses aspérités, sa rudesse, dans un environnement matériel très bourgeois, où elle ne voulait pas, semble-t-il, à vivre en fonction de ses moyens pécuniaires qui étaient grands. Elle n'était de toute façon, pas gestionnaire de sa fortune, c'était son mari qui décidait de l'usage des fonds lui appartenant, il en allait de même pour Hélène Weber, mais les femmes Fallenstein tenaient bon et leur solidarité était exemplaire ! Max Weber conclut dans la dernière lettre de Strasbourg que beaucoup se sont éloignés d'elle, comme l'a fait son cousin Otto qui se trouve maintenant à l'université d'Iéna. Ainsi, tout en capitalisant les relations familiales du côté de la parenté maternelle, Max Weber interroge le modèle maternel, en regardant vivre la famille Baumgarten, et en participant à ses deuils et à ses joies. En questionnant dans ses lettres leurs manières de faire et leurs manières d'être, leur personnalité et leur caractère, le jeune soldat objectivise d'une certaine façon le monde Baumgarten, et acquiert ainsi des éléments de psychologie et de microsociologie vécus.

Comme on va le voir dans le deuxième chapitre de cette présentation des lettres de Strasbourg du soldat Maximilian Weber de la 47e Compagnie, nous allons tenter de trouver par le truchement des évènements vécus en Alsace et en Lorraine, les raisons de ses travaux futurs, principalement ceux ayant trait à l'agriculture en Prusse et à l'Est de l'Elbe. Il conserve de son séjour dans les régions d'Alsace et de Lorraine, en somme du Sud du Reich allemand, un sentiment plus positif que lors de son séjour militaire de préparation au rôle d'officier de réserve à Posen (Poznan) dans l'actuelle Pologne. Là-bas, c'est le sous-développement du pays qui l'affecte, son manque de routes et d'axes de circulation, il écrit lui-même que la campagne est comme en Suisse, ce ne sont donc pas les paysages qu'il rejette, mais probablement l'absence de modernité, et la vacuité du *Deutschtum*[3]. Sans doute l'altérité du pays lui pèse, comme peut-être la solitude et l'absence de famille parente. Alors qu'il avait fait son service militaire dans une région densément peuplée, il s'aperçoit dans la région de Posen que le peuplement est faible, ce qui va entraîner le Reich à chercher à coloniser les terres agricoles en raison de son déficit agricole. Le père de Max Weber, membre du Landtag de Prusse va s'occuper de la politique de mise en valeur de ces terres agricoles à l'Est de l'Elbe. Ceci, deviendra le travail qui donnera à Max Weber sa renommée dans le cercle du *Verein für Social Politik* composé d'universitaires. Il sera toujours favorable aux travaux d'enquête qu'il voudra souvent entreprendre, on peut dire que le jeune Max Weber a donné à la sociologie empirique la primauté, mais c'est sa femme Marianne Weber qui va entreprendre le dépouillement et la collation de questionnaires d'enquêtes dans sa cuisine à Freiburg im Brisgau.

---

[3] Deutschtum : germanité

PREMIÈRE PARTIE

UNE VIE DUALE : L'ORANGERIE ET LA CASERNE

CHAPITRE I

La correspondance strasbourgeoise de Max Weber

Tirée du recueil *Jugendbriefe*[4] de Marianne Weber et des Œuvres Complètes de Max Weber dans le volume *Briefe*[5], la correspondance de Max Weber à Strasbourg nous informe sur ses découvertes de la vie militaire en Alsace — Lorraine impériale et au pays de Bade, elle nous apporte un point de vue personnel et relativement décentré sur les familles de ses oncles, tantes, cousins et cousines, neveux et nièces à Strasbourg. Ses oncles sont alors tous deux professeurs à l'Université *Kaiser Willhelm* de *Strassburg,* capitale du *Reichsland Elsass – Lothringen.*[6] Avec lui, nous suivons, pas à pas et selon son point de vue les personnalités de ses proches, et à partir du fil de ses écrits, nous comprenons mieux la personnalité du jeune Weber : un homme qui veut bien faire et qui se comporte comme un aîné de famille nombreuse, bien qu'il soit loin de Berlin. Il est l'informateur attentionné de sa mère et lui donne des nouvelles de sa sœur aînée et de son beau-frère,

---

[4] Marianne Weber, Jugendbriefe, Tübingen, Mohr, (Paul Siebeck), 1936

[5] Max Weber, Œuvres complètes, II/2 Briefe, 1887-1894, Tübingen, Mohr (Paul Siebeck), 2017

[6] Université de l'Empereur Guillaume, Strasbourg, capitale du pays d'empire d'Alsace-Lorraine

il lui enverra dix lettres de Strasbourg, il est celui qui veut avoir avec son père une relation de connivence masculine en lien avec son vécu militaire, il recevra sept lettres. Le frère aîné conseille son cadet lors de la confirmation et évoque avec lui la foi chrétienne dans deux lettres. Il peut paraître étonnant qu'il écrive à chaque fois à l'un de ses deux parents, il pourrait écrire à ses deux parents en leur donnant les mêmes nouvelles. Il veut distinguer dans ses échanges épistolaires la relation à chacun d'entre eux et l'entretenir à sa façon, dans une certaine mesure on peut se demander s'il reconnaît le couple parental, ou, s'il n'a pas tendance à le minimiser. Cette interprétation pourrait s'appuyer sur le *conflit pour la vérité* qu'il a mené contre son père lors de la funeste journée du 14 juin 1897 à Heidelberg, lorsque le soir, devant la famille réunie, il accuse son père de se conduire en paterfamilias (lettre à Alfred Weber) lui disant qu'il doit laisser sa mère venir seule pendant cinq à six semaines chaque année voir ses enfants, il achève sa lettre du 15 juin 1897 à son frère Alfred en disant : « *… tu peux imaginer comment j'ai répondu à ces insolences grotesques… il est dans un paroxysme de jalousie, et de dépit enfantin…* »[7] Le biographe Radkau se demande si cette réaction explosive du fils, ne serait pas liée à son incapacité à consommer son mariage, et s'il ne fallait pas appliquer le jugement porté

[7] Radkau Joachim, Max Weber. A biography, Malden, Polity Press, 2009, p 66 (on se réfèrera en particulier à la note de la page 580 concernant la lettre du 15 Juin 1897 à Alfred Weber). Extraits : « La confrontation a pris place le soir. Très explosive et sans accord… par exemple, je l'ai arrêtée quand il n'y avait plus d'argument. Papa a montré un manque de sincérité abyssal et a énoncé de très gros mensonges, à tel point, que maman était d'abord sidérée, elle a ensuite repris chacun des éléments que je lui avais reproché. Il a revendiqué que certains de ses frères et sœurs avaient la même opinion que lui en ce qui concerne nos demandes, sur quoi, j'ai indiqué que je couperais les liens avec eux. Il a alors demandé… que c'était à lui de décider quand maman viendrait ici ; en voulant conserver sa position de paterfamilias etc… Tu peux imaginer comment j'ai répondu à cette impertinence tout à fait grotesque… Il est dans un paroxysme de jalousie et éprouve le dépit le plus enfantin »

sur le père, au fils. Rappelons que Max Weber fut le confident de sa mère, il se peut que cette intimité, l'ait empêché de considérer ses parents comme formant un véritable couple. Radkau intitule le chapitre où il narre cette histoire qui marque un tournant dans la vie de Max Weber, comme étant le passage où Max Weber : fils de son père (Vatersohn), devient : fils de sa mère (Muttersohn). Dans les écrits de jeunesse envoyés de Strasbourg, et selon l'interprétation de Radkau, Max Weber serait encore le fils de son père (Vatersohn), ce que nous aurions tendance à confirmer à la lecture de son courrier, néanmoins, nous en apercevons aussi le terme, dans la mesure où il se confie plus à sa mère qu'à son père ; elle est destinataire d'un plus grand volume de correspondance, et celle – ci n'est pas de même nature que celle destinée à son père. L'analyse de la correspondance a cependant un caractère aléatoire dans la mesure où les lettres correspondent au choix de Marianne Weber. Dans le cas qui nous occupe, elles avaient été conservées à Charlottenburg au domicile des Weber, et c'est, sans doute, Hélène Weber qui a conservé ce courrier.

Nous examinerons dans ces lettres envoyées de Straßburg son rapport au corps propre, ses relations de parenté, ses liens avec l'Université *Kaiser Willhelm* de Strasbourg et son intérêt manifeste pour le religieux. Dans un chapitre II nous évoquerons l'influence qu'a pu avoir le séjour strasbourgeois sur les travaux et les écrits ultérieurs du jeune Weber. La période des classes proprement dites dure huit mois, vient ensuite une période où en tant que brigadier il commande un détachement, de fait il s'occupe plus de la propreté de la chambrée et de la caserne. À l'issue de celle-ci, il passe un examen pour devenir officier de réserve qu'il réussit, et, c'est en tant que tel, qu'il va effectuer deux nouvelles périodes militaires, l'une dans la région de Posen, en Prusse Orientale, et l'autre, à nouveau à Strasbourg pendant trois mois en 1887. Dans les textes qui composent ce recueil, nous ne retiendrons que ceux écrits à Strasbourg pendant sa période militaire en adjoignant une dernière lettre pour clore le recueil et clore la période strasbourgeoise, c'est une lettre issue d'un périple de vacances qui l'amène à revenir à Strasbourg en 1892. Le style de ces écrits peut paraître rébarbatif tant la syntaxe webérienne est complexe et s'embarrasse de nombreuses incidentes. Ils sont écrits à la hâte et avec fatigue, cela explique peut - être ces phrases inachevées, redondantes ou laissées quelquefois en souffrance. Ces lettres n'étaient pas destinées à la publication, Marianne Weber a décidé de faire un recueil des écrits de jeunesse pour mieux nous faire connaître l'homme, qu'elle considérait comme étant un génie. On voit mieux en effet qui était le jeune Max Weber grâce à ces lettres envoyées à ses parents et à son frère. S'il apparaît comme un homme timide et ayant du mal à nouer des relations (c'est ce que pensait de lui, Otto Baumgarten, son cousin, étudiant à l'université de Heidelberg), il semble avoir une grande confiance dans ses capacités intellectuelles qui sont mises sous le boisseau pendant cette période militaire, ce qui lui répugne. Il a par ailleurs un goût prononcé pour la politique qui lui vient de son environnement paternel, une familiarité avec les acteurs politiques et culturels berlinois venus en visite chez son père ; à un âge très précoce, il raisonne déjà comme un acteur politique engagé. Cette facilité dans l'analyse politique, et sa curiosité, va constituer un atout dans ses relations avec son oncle qui semble n'avoir que son neveu comme seul interlocuteur politique, il lui rend une visite hebdomadaire ou bihebdomadaire. L'oncle demande d'ailleurs à son neveu de l'informer de ce qui se passe à Berlin lorsqu'il quitte Strasbourg.

1. Max Weber et les souffrances du soldat

La longue plainte du soldat qui fait ses classes traverse l'ensemble de la correspondance : il est trop gros, son ventre dépasse lors de l'alignement dans la cour de la caserne, il est traité de « *sac à bière* » par les officiers. Il peine lors des manœuvres et des marches ; ses jambes le font souffrir. Pour se rendre à ces exercices et manœuvres, tout est lourd et encombrant et tout concourt à le mettre mal à l'aise, à lui écraser les épaules ou à entamer ses chairs. Il se sent gauche dans cet uniforme qui se salit dès les premières marches dans la caserne, il craint certains exercices sachant qu'en éducation physique il n'est de loin pas le meilleur. Pour bien faire comprendre à sa mère l'ambiance qui règne au cours des marches et exercices militaires, il décrit quelquefois avec verve la manière dont les soldats sont encadrés par les officiers, le voici qui se met en scène dans la lettre de 6 février 1884. Les soldats marchent encadrés par le lieutenant et le sous-lieutenant, Max Weber est l'objet de leurs sarcasmes, il relate la situation à sa mère afin qu'elle puisse rire avec lui de ce vocabulaire imagé :

> *« Le lieutenant se déplace à cheval sur le côté droit, avec le sous-lieutenant, à gauche, on entend à ce moment-là :*
> - *Vous le Einjâhrige à l'aile, allongez le pas ; puis de droite*
> - *Vous le Einjährige, ne fuyez pas comme cela en avant, à ce compte mon cheval n'arrive pas à suivre*
> - *Vous le Einjährige, Mille Tonnerres, votre nez racle vraiment la boue. De droite*
> - *Sursitaire Weber, comment tenez – vous votre tête, Mille Tonnerres ! Auriez – vous l'intention de vous faire dessécher le nez au soleil ? De gauche :*

- *Vous le Einjährige, votre baïonnette pend de nouveau à l'avant sur votre nombril : le diable devrait vous emporter au détail, remettez – la à l'arrière. De droite*
- *Sacré beefsteak de rat, vous le Einjährige, votre baïonnette pend derrière vous comme la queue d'un éléphant blanc, etc, etc… »*

Il poursuit dans ce style pour développer ensuite l'attaque simulée contre l'ennemi, les fusillades à balles à blanc où l'on devient sourd, le fait qu'il faille se jeter sur le sol où que l'on soit, que ce soit dans une flaque ou dans les immondices, et le retour crotté de la tête aux pieds avec un œil au beurre noir pour certains. Les exercices sans cesse répétés, toujours les mêmes, engendrent la lassitude et l'abrutissement. Il n'arrive plus à penser, voire à lire, ou comme il l'affirme, s'il lit, il a ensuite tout oublié. La fatigue le poursuit après toutes ces journées de marche et de combat contre un ennemi imaginaire. Après sept heures de marches et d'exercices on n'est plus qu'un corps vaincu par la fatigue. Il reconnaît au fil du temps qu'il devient de plus en plus résistant, ainsi la marche vers Saverne de 37 km est ressentie, non pas comme une épreuve, mais comme un exercice, moins difficile qu'il ne le pensait. À l'issue de ces marches militaires il sait qu'il est plus svelte, il ferme son ceinturon avec trois trous de moins, et le *Einjährige* Weber ne fait plus partie des gros, mais des gens normaux ; le voilà conforté par sa hiérarchie militaire et heureux de ne plus être considéré comme *un sac à bière*. Ainsi, ses jambes éléphantesques, ses tendons qui le faisaient tant souffrir appartiennent au passé, à la fin de la période de huit mois d'entraînement et de discipline militaire. L'Einjährige Weber a hâte que la période de classe s'achève, la vacuité intellectuelle lui pèse, il essaie de lire mais ce sont des lectures qui ne se prêtent pas à la salle de garde. Nous voyons à l'issue de cette formation que le jeune Max Weber est satisfait de son pas de l'oie élégant, il sait saluer correctement ses supérieurs, il est capable de monter et de démonter une arme, heureux de l'approbation de ses supérieurs et désireux de devenir brigadier pendant cette période strasbourgeoise, puis officier de réserve pendant les périodes ultérieures qui se dérouleront aux confins de l'Empire tant à Strasbourg, qu'à Posen, principale ville de Posnanie alors allemande. Lorsqu'il y effectuera les manœuvres, il sera beaucoup moins disert, il est plus âgé, plus aguerri, il n'aime pas ce pays ni ses habitants. Le jeune soldat de dix-neuf et vingt ans bien qu'il soit entouré de ses deux familles d'oncles et de tantes et cousins et nièces se sent en difficulté au sein de l'armée, il a besoin de s'épancher, de raconter ses vicissitudes à ses parents. Rappelons que les jeunes étudiants qui faisaient une période militaire en tant que sursitaire volontaire étaient de deux à trois ans plus jeunes que leurs compagnons d'armes qui ne bénéficiaient pas de ces facilités ; ils étaient de véritables bleus issus de milieux favorisés, alors que les autres soldats mentionnés sont souvent Polonais ou originaires d'Erfurt dans ce 47° régiment de Haute Silésie. Néanmoins, *Einjährige* est un statut enviable, qui *de facto* montre votre appartenance aux catégories supérieures.

La période militaire de formation de base est vue par Max Weber comme une voie douloureuse, comme la passion du Christ, il évoque pour certains de ses camarades le purgatoire, et rappelle un propos paternel où le père de famille disait : « *apprendre à connaître Jésus Chris*t », les camarades de Weber ayant eux aussi de grandes difficultés sont considérés par le sous-officier comme ayant le même regard que : « *la Vierge Marie de Treuenbrietzen* ». Le service militaire est vécu à l'instar de la passion du Christ et de celle de sa mère la Vierge Marie, comme une torture physique, une épreuve allant jusqu'à l'insupportable, voire l'indicible. Ce qui marque le plus, le jeune appelé, c'est d'être celui qui est regardé comme étant incapable ; ainsi, il relate ce souvenir cuisant : « *Au début, cela amusait beaucoup notre adjudant de m'obliger à aller et venir sur mes jambes endolories, puis il m'a fait sortir du rang* ». Plus loin, il mentionne une existence de cheval d'écurie que l'on s'apprête à débourrer, il n'est plus qu'un corps qu'il faut dompter pour le rendre plus apte, plus résistant et muni de réflexes guerriers. La situation de promiscuité avec les autres soldats empêche aussi toute réflexion ; pour surmonter l'épreuve, il apporte des cigares, sa pipe et fume et boit tant et plus. Un aspect plus plaisant voire « lumineux » dans cette existence militaire se manifeste surtout le dimanche, il s'agit des visites à ses parents les Baumgarten et Benecke, il reconnaît cependant que : « *le repas familial à heure fixe n'a jamais été mon idéal, mais je suis traité ici comme un fils ou un étudiant ordinaire. Ces parents proches sont comme un pont ; ils me permettent d'aborder de nombreux sujets, ce qui serait difficile ailleurs.* ». Grâce à eux, il peut bénéficier d'un milieu intellectuel, avoir une conversation politique, et exprimer ses opinions et sa critique de la politique menée dans le Reichsland ou dans le Reich. Ainsi, le soldat Weber peut vivre dans deux mondes : celui de l'Orangerie Ring où se trouve la maison des Baumgarten que certains biographes appellent aussi le Schloß, le château (la maison comporte une tour) et celui de la caserne et de l'ordre militaire.

2. L'humour de Max Weber

Ceux qui ont connu Max Weber de son vivant et que le biographe Radkau a encore pu rencontrer aux États - Unis le présentaient toujours comme un homme doté d'un rire tonitruant. Or dans ces lettres, nous cernons mieux le rire weberien sur le monde qui l'entoure, son sens de l'humour s'exerce surtout à son encontre, comme la narration sur les souffrances du jeune soldat le montre. Il grossit le trait à volonté pour faire rire ses lecteurs, il se moque de lui-même et de son incapacité manifeste à faire les exercices physiques qui sont demandés, il sait qu'il n'est pas bon en gymnastique et la barre parallèle est pour lui un instrument de torture. Ses pieds « éléphantesques », ou ses sensations de marcher en étant amputé après l'apprentissage du pas de l'oie, la boue qui l'enveloppe et qui fait de ses jambes « des jambes – troncs », font l'objet de ses moqueries à longueur de pages. L'armée, constitue l'autre objet de son ironie cinglante. Ainsi, la marche encadrée par les deux lieutenants à cheval, qui de chaque côté trouvent à redire sur la tenue de ces jeunes *Einjährige* dont le matériel militaire glisse, ou ne se trouve pas à la place appropriée. Mais ce sont surtout les invectives qui fusent qui doivent constituer le trait d'esprit principal, un humour proche de celui du Capitaine Haddock dans les albums de Tintin : *beefsteak de rat, queue d'éléphant blanc !* D'ailleurs, plus loin, il évoquera, les canailles qui donnent des ordres, il connaîtra lui aussi l'ivresse du pouvoir quand il deviendra brigadier, mais cette passion sera passagère et ne durera que quarante-huit heures, écrit-il.

L'assaut dont la description est destinée à sa mère (tout en supposant que les lettres seront lues par les deux parents) cherche à montrer que malgré l'ordonnancement de l'armée, les engagements se terminent dans le tumulte et dans le chaos, si ce ne sont dans les excréments. La direction de l'escouade par les deux officiers à cheval, s'achève par un bruit équivalent à celui d'un chien en train de japper : ils deviennent inaudibles pendant que leurs hommes tirent des balles à blanc, se mêlent, se heurtent, s'emmêlent contre un ennemi imaginaire, et rentrent blessés par leurs exercices, et couverts de boue.

Il ne fera pas une description semblable à son père juriste, il lui donne plus de précisions techniques. Il veut aussi lui montrer qu'il est un fils débrouillard qui sait se préparer pour les gardes en enfournant dans le paquetage et dans son uniforme des quantités de tabac, de nourriture et d'alcool ; le schnaps devient pour ces jeunes gens, le gage de leur arrivée à l'âge adulte masculin, les boissons fortes sont aussi une preuve de la virilité. Qu'y a-t-il de plus viril si ce n'est le métier des armes ? Il veut montrer qu'il sait y faire, et lui fait part de ses possibilités d'avancement qu'il estime assez bonnes. Il ironise par contre sur ses tentatives de lecture universitaire lors des gardes, et lui conte son incapacité à lire en salle de garde un ouvrage sur le droit féodal. On pourrait presque voir dans ce *feudum castrense*, dans ce droit des rapports du seigneur dominant au seigneur vassal qui reçoit un château, l'image de la situation de Max Weber qui se trouve en qualité de vassal, à devoir garder le château de l'une des places fortes conquise par l'Empire allemand réunifié.

Son humour s'exerce aussi aux dépens de différents personnages qu'il s'amuse à dépeindre dans sa correspondance, quelquefois de manière précise comme le professeur Sohm dont il voudrait suivre les cours en histoire du droit, ou quelquefois aux dépens d'Otto Baumgarten, son cousin, pour lequel il semble avoir de l'affection et de la sympathie, mais dont il trouve le style des sermons trop lourd ! Que dire du style de Max Weber ! Il décrit aussi avec plaisir, la sortie princière de son oncle pourvu de la médaille de Commandeur à l'instigation du *Kronprinz*, son étudiant, avec les autorités et la noblesse du Reich, et de celles du Reichsland. Il s'amuse des réactions de l'oncle, sans doute de sa maladresse, et probablement de sa méconnaissance du protocole des familles princières Hohenzollern. L'oncle va chez le tailleur pour se faire expliquer comment se porte sa décoration.

On remarque aussi qu'une de ses lectures préférée serait le *Kladderradatsch*, un magazine humoristique et satirique qui se moque des travers du régime et de la politique, et qui d'une certaine manière participe de l'esprit critique de Berlin. Il est le seul magazine écrit-il, à donner des nouvelles du Reichsland. Il prend au sérieux l'ouvrage écrit par un Français, en langue française du comte Vassili et qui décrit la société des Hohenzollern et les arcanes du pouvoir à Berlin avec nombre de portraits de dignitaires. Avec des commentaires sur les têtes couronnées actuelles et futures ![8] Gageons, qu'il a entendu évoquer les cercles du pouvoir dans la maison paternelle, lui et son frère Alfred étaient admis dans la pièce où leur père recevait les visiteurs politiques, ils faisaient passer les cigares ; la familiarité que Max Weber exprime à l'égard du politique et du pouvoir est liée étroitement aux fonctions exercées par son père. L'oncle Baumgarten avait fait de lui son informateur sur les potins, et commentaires politiques de Berlin.

Ses descriptions militaires marquées au coin de l'humour s'achèvent en quelque sorte dans le tourbillon d'une valse. Lors de l'anniversaire du roi (lettre du 29 mars 1885) les soldats et les officiers ont dansé et bu dans leur baraquement. C'est à cette occasion que Max Weber tenu par son partenaire, un sous-lieutenant qui joue le rôle du danseur masculin, mais c'est lui qui l'envoie, emporté par sa fougue, valdinguer dans le décor, la danse s'achève avec les saignements de nez du sous-lieutenant. Ainsi s'achève, dit-il, son rôle de dame dans la danse à deux : la valse. Nous apprenons à l'occasion qu'à Charlottenburg les maisons amies s'invitaient pour que les jeunes gens puissent danser ensemble et apprendre à se connaître.

---

[8] Vasili Paul (comte de), La société de Berlin, Paris, Nouvelle Revue, 1884

3. Deux familles de professeurs d'université

Hermann Baumgarten et Wilhelm Benecke ont épousé, le premier, la sœur aînée d'Hélène Weber, le second, la sœur puînée d'Hélène Weber, cette dernière, étant la benjamine. Hélène Weber avait à l'égard de sa sœur aînée une profonde admiration et un grand attachement, elle représentait à ses yeux la capacité de construire un modèle de vie familiale et chrétienne. Rappelons qu'Hélène Weber s'est mariée très jeune à l'âge de dix-huit ans, après deux années de fiançailles. Marianne Weber dont le style fleuri, souvent très féminin dans ses descriptions, la présente comme étant une jeune femme charmante, vive, très amoureuse de son fiancé Maximilian Weber. Elle se conduit écrit-elle, une fois mariée, comme une femme heureuse, mais aussi comme une benjamine qui a encore besoin de conseils de la part de son aînée. Sa sœur aînée lui avait fait aussi lire les théologiens Parker et Channing, non pour l'édifier, mais sans doute pour lui montrer une nouvelle voie du protestantisme : l'unitarisme. Dès ses premières lettres, le fils Max Weber va dire à sa mère, que la famille n'est pas du tout ce qu'elle croyait, il trouve qu'ils ont des idées arrêtées pour ne pas dire des stéréotypes, et n'ont pas les pieds sur terre ; ils vivent dans un autre monde. Pour expliciter son propos il prend comme exemple le mariage d'Otto Baumgarten, son cousin pasteur, le fils de famille, qu'il connaissait depuis l'Université de Heidelberg. Il a été ordonné pasteur et a épousé une femme de sept ans son aînée qui a des tendances mystiques et un certain don de prophétie, c'est aussi une Fallenstein, mais elle est issue du premier mariage du père Fallenstein. Les membres de la famille Baumgarten, et Benecke, étaient divisés quant à ce mariage, mais Ida Baumgarten qui lui était favorable, elle a sans doute réussi à ce qu'ils donnent leur accord. Ce mariage fut de courte durée, au bout d'un an, sa femme qui attendait un enfant est morte. Weber considère comme les Benecke que ce mariage n'aurait jamais dû se faire, il n'en explicite pas vraiment les raisons, Émilie Fallenstein avait été élevée outre-mer et venait d'Australie, de ce fait, elle devait pour les Vieux Allemands de Strasbourg avoir un côté très exotique.[9]Max Weber n'a pas de mots assez durs pour évoquer la manière d'être de sa sœur au sein de la famille Baumgarten, et il suggère à sa mère de ne pas l'inviter dans leur foyer de Charlottenburg.

Élevé dans une famille dont le père siège dans les instances politiques et participe par son travail en commission au devenir du Reich, Max Weber se trouve chez lui dans une configuration familiale où les grands problèmes de la société sont exposés, où l'on doit leur trouver une solution rationnelle, il faut donc avoir les pieds sur terre. Il en va ainsi pour la situation « *coloniale* » dans laquelle se trouvent l'Alsace et la Moselle ainsi que pour ce qu'il en est des terres à coloniser de la Prusse polonaise que nous évoquerons dans le chapitre II. Tandis que chez les Baumgarten, le chef de famille est fils de pasteur, professeur d'histoire contemporaine, et de littérature à la Kaiser Wilhelm Universität, Weber se trouve là dans un milieu intellectuel où l'actualité est commentée tous les jours, mais sans visée pratique et concrète. Ainsi, l'ancrage dans le réel politique qui est le sien dans sa famille berlinoise et les problèmes que rencontre la société impériale, s'oppose dans une certaine mesure à l'ancrage religieux et de conviction de la famille Baumgarten, si l'on considère le côté masculin de sa famille. C'est d'ailleurs Ida, la mère de famille, qui fait l'objet de critiques implicites fut-ce par le biais du mariage d'Otto, c'est elle qui la première a donné son accord. Il l'évoque souvent pour donner des nouvelles de sa tante, sachant que c'est ce que sa mère attend de lui. Comme le

---

[9] Fille du fils Fallenstein, lui-même, issu du premier mariage du père Fallenstein.

remarque Marianne Weber, en observant Ida, il ne pouvait s'empêcher de faire le rapprochement avec sa mère, toutes deux recherchent non seulement l'approfondissement de la foi, mais aussi la transformation de la vie de tous les jours en actions chrétiennes : il faut sans cesse essayer de faire mieux, tant dans les relations sociales, que dans l'éducation des enfants. Cette foi chrétienne vécue et inquiète, semble être la marque de l'éducation Fallenstein - Souchay pour les filles. Ce christianisme du quotidien, fait partie de l'empreinte de la mère de Max Weber sur sa famille et particulièrement sur son fils aîné ; telle semble être la thèse de Marianne Weber. Il est vrai que dans les deux familles les deux sœurs se soucient beaucoup des œuvres sociales, elles vont, lorsqu'elles seront veuves donner toutes les deux, la priorité à cette activité.

Dans la famille Baumgarten, l'oncle plaide pour une politique libérale nationale, pour laquelle il s'est engagé fortement dans sa jeunesse, or sur ce point, la politique impériale le déçoit, ainsi que celle du héros de l'unification allemande : Bismarck. Il reste cependant bismarkien comme les lettres de Max Weber le laissent entendre, il participe de plus, peut-être contraint par la situation, au cadeau fait à Bismark pour son anniversaire. Il considère le chancelier comme un grand homme, comme le père de l'unification allemande, mais il reste sur sa réserve en ce qui concerne la politique menée dans le Reichsland d'Alsace-Lorraine. Il s'oppose comme son neveu à la politique de Manteuffel, le *Statthalter,* et pense, qu'elle ne va pas dans le bon sens dans la mesure où elle quitte les sentiers du *Kulturkampf* et de la germanisation, et cherche à faire une place aux élites catholiques du pays ; rappelons que le catholicisme est la religion dominante de ces régions. Elly Heuss Knapp l'avait mentionné à bon escient dans son livret de souvenirs « Souvenirs d'une Allemande de Strasbourg » quand elle évoque l'absence d'influence de l'université de Strasbourg sur une population à majorité catholique et qui, de ce fait, avait peu d'impact sur la population.[10]La politique de Manteuffel vise à désamorcer l'opposition des élus alsaciens qui sont pour la plupart protestataires et membres du clergé, mais comme le note John Craig la plupart des universitaires y sont hostiles. Voici ce qu'il écrit : « La politique qui en résulte, de même que ses efforts visant à freiner les excès de pouvoir des militaires et de la bureaucratie, sont évidemment bien accueillis par les Alsaciens, mais demeurent impopulaires au sein de la communauté allemande immigrée. Les professeurs en particulier, affichent dès lors une opposition quasi unanime. Ils pensent que Manteuffel pousse la conciliation trop loin. Il favorise les mauvais groupes, comme les francophiles et les notables du clergé qui ne pourront jamais être apaisés. De l'avis des professeurs, enfin, il ne fait rien pour améliorer la condition des étudiants dialectophones, les seuls Alsaciens qui sont susceptibles d'afficher une sympathie à l'égard des règles allemandes en échange de quelques concessions du régime »[11].

Max Weber a le privilège d'avoir l'autorisation d'aller au séminaire du jeudi de son oncle, un moment important de la semaine pour lui, qu'il attend avec impatience ; la comparaison historique des auteurs européens qui ont traité de la Réforme est le sujet de ce séminaire. Le Palais Universitaire et tous les bâtiments qui l'entourent sont en cours de construction et ne seront achevés qu'en 1884 et inaugurés par l'Empereur ultérieurement ; c'est donc au Palais des Rohan que le neveu va suivre ce séminaire dans une chapelle, selon un témoin de l'époque. Hermann

---

[10] Heuss- Knapp Elly, Souvenirs d'une Allemande de Strasbourg 1881- 1934, Strasbourg, Editions Oberlin, 1971

[11] John Claig, La Kaiser- Wilhelms Universität Strassburg.1872- 1918 In (sous la direction d'Elisabeth Crawford et de Josiane Olff- Nathan) La Science sous influence. L'université de Strasbourg enjeu des conflits franco-allemands 1872-1945, Strasbourg, La Nuée Bleue, 2005, p 23

Baumgarten va d'ailleurs s'adresser au père de Max Weber pour que les fonds nécessaires à la création du nouveau quartier universitaire de quinze hectares soient débloqués, ce à quoi le député Weber du Reichstag et au Landtag de Prusse va s'employer. Karen Denni décrit la situation de la manière suivante : « *Baumgarten ne se laisse pas décourager. Il utilise ses vieilles relations politiques et familiales, notamment son beau-frère Max Weber senior, le père du sociologue qui est député au Reichstag, pour débloquer le financement de l'État. Il siégera alors au côté du professeur d'archéologie Adolf Michaelis dans le jury du projet de construction que remportera l'architecte Warth, de Karlsruhe* ».[12] Lors de l'arrivée de Guillaume Ier, Baumgarten fait un discours qui impressionne l'empereur comme le note Karen Denni. Jean – Pierre Mariotte dans ses *Souvenirs d'un archiviste allemand* rappelle que : « *Baumgarten, possédait l'art d'influer discrètement l'auditeur, de le saisir au vif si nécessaire, sans l'importuner par un pathos bourdonnant. Il commença un cours sur l'histoire au XVIII*[e] *siècle. Il comptait quatre auditeurs dont l'un était un homme d'un certain âge, complètement inconnu dont on disait qu'il était pâtissier à Strasbourg.* »[13]. Tels semblent être les débuts du séminaire d'Hermann Baumgarten qui fera sa carrière entièrement à l'Université Kaiser Wilhelm de Strasbourg, ce sera aussi le cas de Benecke, l'autre oncle de Max Weber, spécialiste de géognosie, en d'autres termes de géologie, il va s'employer et diriger la Carte Géologique d'Alsace Lorraine et sera en 1896 le premier président de la Société de géologie du Rhin Supérieur, il

---

[12] Karen Denni, les liens familiaux de Max Weber à Strasbourg, In Suzie Guth et Roland Pfefferkorn, « *Strasbourg : creuset des sociologies allemandes et françaises* » Paris, L'Harmattan, 2019

[13] Jean- Pierre Mariotte, *Souvenirs d'un archiviste allemand : Wilhelm Wiegand (1851- 1915) In* Annuaire de la Société des Amis du Vieux Strasbourg, Strasbourg, 1987, p 58

prendra sa retraite en 1907 à Strasbourg où il décédera en 1917[14].

Les deux oncles de Max Weber ont été nommés dès la création de l'université strasbourgeoise en 1872, ce fut pour chacun d'entre eux une opportunité pour entrer dans la carrière universitaire, mais aussi un défi dans la mesure où la nouvelle université allemande avait pour tâche de germaniser les élites alsaciennes, les bâtiments définitifs de l'université et de la bibliothèque vont mettre la science allemande à l'honneur tant dans les représentations des bas-reliefs à la Bibliothèque, que dans les statues du fronton du Palais Universitaire. Hermann Baumgarten va devenir Recteur et fera à cette occasion un discours remarqué lorsqu'il rappellera les débuts protestants de l'Université de Strasbourg avec Johannes Sturm. Les deux oncles vont créer des instituts, l'Institut d'histoire contemporaine et l'Institut de géologie qui existent toujours l'un et l'autre, aujourd'hui. L'université avait la réputation d'être une université de travail, elle fut au départ, non seulement un nouvel établissement allemand, mais elle fut aussi considérée (ce sont des propos tenus à Heidelberg) comme une université qui acceptait les Juifs ; c'est donc là, que Georg Simmel, philosophe et sociologue, allait enfin trouver un poste de professeur de plein exercice grâce à l'appui de l'historien Harry Bresslau, en 1914[15]. On préférait recruter à Strasbourg, non pas des enseignants chevronnés, mais plutôt des enseignants jeunes et prometteurs, nombre d'entre eux vont d'ailleurs faire une carrière brillante. Pour attirer les enseignants ceux-ci vont bénéficier d'un supplément de salaire de 40 %, ils auront à leur disposition des locaux neufs, des salles de séminaires, des bibliothèques

---

[14] Le Service de la carte géologique d'Alsace et de Lorraine existe toujours.

[15] Paul Honigsheim, The unknown Max Weber, Transaction Publishers, Rutgers (NJ) 2000

d'institut, et une nouvelle grande bibliothèque à laquelle tout l'Empire allemand va contribuer par ses donations, on peut encore lire sur certains ouvrages anciens : « don de… ». Un quartier nouveau sortait de terre de style néorenaissance, c'est dans ses environs que vont s'installer les universitaires et leurs familles. Outre le programme de construction dans les provinces *des frères perdus*, le Kaiser se déplaçait régulièrement pour des visites, et le Kronprinz faisait partie des étudiants de l'Université Kaiser Wilhelm, il était inscrit au séminaire d'histoire du Professeur Baumgarten[16]. Le 15 mars 1885 Max Weber décrit à son père le dîner auquel l'oncle avait été prié lors de l'anniversaire du Prince de Hohenzollern. « *Il m'a raconté sa colère quand le majordome du Prince de Saxe est venu lui apporter la Croix de Commandeur dans une grande boîte quelques heures avant le repas en question. (…) On l'aurait placé (H.Baumgarten) au-dessus de tous les ministres, entre le Prince de Saxe et le colonel saxon local qu'il avait apprécié. L'oncle nous a fait rire en nous racontant son échange avec le Prince de Hohenzollern : « Vous, rara avis, on vous voit pour une fois*[17] *! Que faites-vous à vrai dire ? » Il a répondu qu'il avait été obligé d'aller à la chasse, ce qui l'avait éloigné de Strasbourg. L'oncle a repris : « j'espère, dans mon intérêt, que votre grand-père ne vous fera pas passer un examen d'histoire. » Et l'autre, de répondre en souriant que cela ne risquait pas de se produire, ce que l'oncle regrettait. Il est d'ailleurs invité ce soir chez le fameux Prince, certainement en raison de ce qu'il a dit plus haut. Je me rappelle également qu'il a porté de nombreux toasts à la gloire de Bismarck pour qu'il n'y ait pas d'équivoque. Il aurait également signé la proclamation de dons que l'on*

---

[16] On désignait dans l'Empire Allemand les Alsaciens comme étant des *Verlorene Brudern*, des frères perdus.
[17] Oiseau rare (latin)

offre à Bismarck. » Ainsi, Baumgarten avait des étudiants venus d'univers divers tels son neveu Max Weber et le Kronprinz, qui, selon le Recteur Windelband s'attendait à obtenir de l'Université un traitement de faveur, ce qui ne fût pas le cas.

Max Weber évoquera un *esprit Baumgarten.* L'esprit de la famille Baumgarten est une construction cognitive et conative de Max Weber. C'est probablement la première fois dans sa vie qu'il se trouve en contact direct, et sur le long terme, avec une famille de sa parenté, loin de ses parents. Il était déjà venu une première fois à Strasbourg lorsqu'il était étudiant à Heidelberg, à la Pentecôte avec son cousin Otto, ainsi qu'à l'âge de douze ans. D'un côté, cette famille a été portée aux nues par sa mère, il la rencontre donc avec un préjugé favorable, et s'attend peut-être à trouver une famille modèle. De l'autre côté, il s'aperçoit qu'elle ne correspond pas au discours maternel, sans doute, pense-t-il en faisant cette observation qu'il s'agit d'une famille comme une autre. Il rend souvent compte de la mélancolie qui y règne, tant du côté de l'oncle en raison de ses colères, que du côté d'Otto qui se retrouve veuf après un an de mariage ! Il semblerait qu'il amalgame les deux situations celle de Hermann Baumgarten et celle d'Otto, mais les ressorts de la mélancolie peuvent être différents et n'apparaissent peut-être pas au jeune homme. Karen Denni nous rappelle que les Baumgarten ont perdu quatre enfants en bas âge, voilà de quoi alimenter un état dépressif.[18] Selon elle, la venue de Max Weber fut sans doute opportune, il se rendit bien compte de l'appétence de l'oncle pour la discussion, et surtout de la discussion politique, ils avaient aussi en commun l'intérêt pour le Reichsland, et la politique

---

[18] Denni, Karen, Hermann Baumgarten, historien et témoin-critique de la politique impériale dans le Reichsland_*In Revue des* Sciences *Sociales,* 40, 2008, pp.36- 41

impériale qui y était menée. Dans une de ses lettres Max Weber regrette que l'on parle si peu de celui-ci, sauf, écrit-il dans la Revue *Kladeradatsch.* Max Weber, est traité comme un fils et il considère cette famille comme sa deuxième famille. Il rappelle à ses correspondants, que souvent, il n'est pas d'accord avec eux, mais cela ne suscite pas l'ire de ses interlocuteurs. En d'autres termes, même si selon lui, les Baumgarten n'ont pas les pieds sur terre, ils sont tolérants dans certaines limites. Ils pensent l'un et l'autre qu'il faut que l'Alsace- Lorraine soit intégrée dans le Reich allemand, ils sont favorables à la germanisation, ils trouvent tous deux que beaucoup d'erreurs ont été faites, mais ils ne voient pas celles qu'ils font, bien que Max Weber se rende bien compte de l'opposition de la population ; il se demande - que pense la population quand elle nous voit en campagne ? Il s'interroge sur l'effet produit par l'armée en campagne, et observe que la troupe est bien mieux reçue au pays de Bade qu'en Alsace – Lorraine, où seule une femme près de Phalsbourg, lui a apporté un pot de café, alors qu'il attendait son détachement, elle l'a traité ainsi, en pensant à son fils faisant son service militaire dans l'armée prussienne qui se trouvait en Silésie. L'affaire de Saverne de 1913, mondialement connue, va apporter une réponse expressive à la question qu'il se pose. Pour le moment, il ne peut, ou ne veut comprendre, ce qu'est le malheur des vaincus.

Fig 1. Relations de parenté des Baumgarten, des Benecke et des Weber

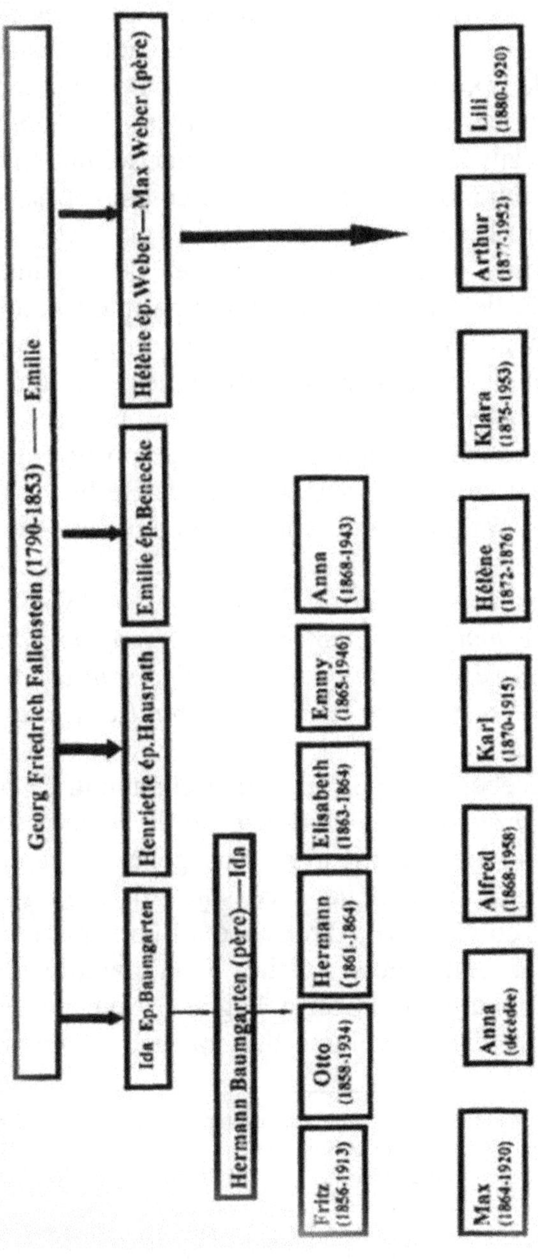

Autant les Baumgarten et les Benecke vivent d'une manière très bourgeoise à Strasbourg dans les nouveaux quartiers de la ville : les Benecke vont construire une maison de dix pièces rue Goethe, les, Baumgarten, vivent dans ce que Guenther Roth appelle le *Schloss*, « le château » situé au 2, Ring de l'Orangerie, une maison qui comporte une tour et de très nombreuses pièces.[19][20]Tandis que pour Baumgarten bien qu'il ait des invitations prestigieuses comme celle notée plus haut, il va s'enfermer de plus en plus sur le plan intellectuel à partir du moment où il mènera une critique sévère de l'interprétation des sciences historiques : ce sera l'affaire *von Treichke — Baumgarten.* Von Treischke est un homme très célèbre pour ses prises de position nationales libérales, il enseigne à l'Université de Berlin. N'a-t-il pas écrit en 1871 dans un article : Qu'exigeons-nous de la France ?

« *Le principe du droit des peuples à disposer d'eux-mêmes, ce mot de ralliement de démagogues sans patrie doit être rayé. L'Alsace et la Lorraine sont à nous par le droit de l'épée. Nous voulons les rendre à elles-mêmes, malgré leur volonté.* »[21]

Max Weber se rappellera, ultérieurement, ce problème de *l'interprétation - compréhension* de Baumgarten, il va lui donner une signification plus générale et construire toute une problématique à ce sujet ; il n'en suivra pas moins les cours de von Treischke à l'université de Berlin, ce dernier rend aussi visite à la famille Weber à Charlottenbourg, il est un collègue parlementaire de son père. Le deuxième volume des travaux de Treischke est

---

[19] La maison des Benecke est sise aujourd'hui au 47, rue Goethe, Strasbourg. Elle appartient à l'Université de Strasbourg

[20] La maison des Baumgarten se trouve aujourd'hui : Bd de l'Orangerie à l'intersection de la rue Gottfried

[21] Heinrich von Treischke, Was fordern wir von Frankreich ? *Preussicher Jahrbücher*, tome XXVI, Berlin, G.Reimer, 1870

paru, c'est un ami de l'oncle, il lui avait proposé de prendre son poste à Kiel alors qu'Hermann Baumgarten était à Karlsruhe dans l'enseignement technique dans ce que nous appellerions un Institut Universitaire. À partir de cet ouvrage, Baumgarten montre à son neveu que tout est ramené à la situation actuelle et à la glorification du Reich : c'est forcer l'interprétation des évènements historiques, tous les linéaments de l'histoire ne conduisent pas nécessairement à l'empire du Kaiser Guillaume. C'est ainsi que vont germer chez Max Weber les éléments de l'expression traduite en français par *neutralité axiologique*, exprimés en allemand par les termes de *Wertfreiheit*, il n'est pas question de neutralité dans les termes employés, celle-ci d'ailleurs, ne semble pas possible, l'observateur se situant toujours dans *l'ici et le maintenant*.[22] Hermann Baumgarten va écrire un opus de 70 pages de recension et de critique du deuxième volume de von Treischke, à partir de là, l'opposition entre les deux hommes va devenir frontale. À l'université Kaiser Wilhelm, le professeur Baumgarten va ainsi perdre la confiance de ses collègues, et se retrouver seul, et sans influence, alors qu'il avait été à l'origine de l'édification de cette institution et qu'il avait été nommé Recteur. Dans le texte que l'on va lire ci-après, Max Weber explique à son père que l'oncle ne sait pas quelle attitude adopter après l'admission de von Treischke à l'Académie. Von Treischke va voir son influence en Allemagne impériale devenir de plus en plus grande tant à l'université, que dans les instances politiques, c'est lui qui incarne aussi nombre d'idées de Max Weber : celles concernant la politique de puissance, ou celles concernant la révolution politique par

[22] Nous renvoyons le lecteur au chapitre de Roland Pfefferkorn : « Max Weber et la *Wertfreiheit.* Une question d'interprétation » Suzie Guth et Roland Pfefferkorn, « *Strasbourg creuset des sociologies allemandes et françaises. Max Weber, Georg Simmel, Maurice Halbwachs, Georges Gurvitch* » Paris, L'Harmattan, 2019, pp. 93-107

le haut, bien que Weber ait plutôt plaidé pour l'investissement de la bourgeoisie dans le politique, alors que le Freiherr von Treischke envisage celui de la noblesse.

L'esprit Baumgarten peut aussi se résumer dans cette affaire par une position critique à l'égard du politique, mais aussi à l'égard des œuvres scientifiques ; pas de compromission avec ce qu'il juge être la nécessaire objectivité scientifique. Baumgarten a été journaliste de revues historiques, par ses critiques tant à l'égard du pouvoir qu'à l'égard des travaux historiques, il poursuit un point de vue qu'il pense sans compromissions possibles. L'esprit de la maison Baumgarten pourrait aussi être caractérisé par un intérêt manifeste pour le religieux, pour les travaux sur le protestantisme et sur le catholicisme, l'oncle a travaillé sur la Saint Barthélémy pour savoir s'il s'agissait d'une volonté politique délibérée, ou s'il s'agissait d'une répression qui avait mal tourné, il va opter pour cette dernière interprétation.

Pour Guenther Roth, Baumgarten n'apprécie pas les revendications alsaciennes : le refus de la germanisation par les représentants du peuple, ou la volonté de fonder un état autonome entre la France, l'Allemagne ou la Suisse ; il préfère se réfugier dans l'étude du passé tout en demandant à son neveu de lui raconter les derniers potins de Berlin[23]. Ida Baumgarten n'a pas cette attitude dans la mesure où elle est plus proche du peuple, et où elle cherche à aider les femmes dans le besoin, les veuves de l'après-guerre en particulier. Son attitude se rapproche bien plus de celle d'Elly Knapp, la fille du professeur Knapp qui a appris le dialecte alsacien, qui a joué avec les Wackes du quartier populaire de la Krutenau, et qui

---

[23] Guenther Roth, Max Webers Deutsch-engliche Familien Geschicht 1800-1950 mit Briefen und Dokumenten, Tübingen, Mohr(Siebeck), 2001

comprend et exprime le hiatus existant entre les professeurs d'université et le peuple alsacien.

Dans cette conjoncture, l'université Kaiser Wilhelm semble être un acteur à part entière du réseau relationnel de Max Weber. Par l'immense campus universitaire érigé pour seulement quelques centaines d'étudiants, ils seront un millier en 1900, le Reich veut s'attacher les provinces anciennement françaises par la munificence de ses réalisations qui mettent en scène la culture allemande et la science allemande. Ainsi, c'est à la fois un mode d'intégration dans le Reich par les institutions, une opération visant l'expression de la puissance étatique pour montrer les moyens mis en œuvre, et les capacités financières du Reich. La France a procédé ultérieurement de manière identique dans ses anciennes colonies en créant des universités *ex nihilo* pour la plupart, à la veille des indépendances.[24]L'université est donc conçue dans ce cas, comme un enjeu politique, destiné à germaniser les élites, à se les attacher par la culture commune et par l'excellence de la formation. L'université allemande était à cette époque au faîte de sa gloire.

Grâce à l'université Kaiser Wilhelm, Hermann Baumgarten a pu mener une nouvelle carrière, il n'était pas pourvu d'un doctorat, mais il obtint un doctorat *honoris causa* ce qui lui a permis de postuler à cet emploi. Il a connu un *cursus honorum* dans la mesure où il est devenu Recteur de l'Université et comme il a été mentionné plus haut, il a été distingué par le *Kronprinz*, son étudiant. Les moyens dont disposait *Kaiser Wilhelm Universität* furent tout à fait exceptionnels, vu le petit nombre d'étudiants, enfin la situation matérielle des enseignants installés dans les nouveaux quartiers était, pour certains, celle de bourgeois fortunés ; plusieurs

---

[24] Il s'agit des universités de Dakar, de Madagascar et du Centre d'Etudes Supérieures d'Afrique Centrale (CESB) dont le siège était à Brazzaville.

d'entre eux étaient aussi conseillers auliques. En contre - partie alors qu'ils souhaitaient rencontrer les élites francophones de la ville, celles – ci se refusaient à eux (dans la mesure où elles le pouvaient). Le détachement de l'Alsace- Lorraine de la France était moins aisé qu'il ne paraissait, même si la majorité de la population alsacienne ne pouvait s'exprimer en français et écrivait et priait en allemand. Ainsi, les enseignants de l'université comprirent qu'ils étaient dans un entre-soi qui devint de plus en plus sujet à conflit, dans la mesure où les Alsaciens et Lorrains étaient enfin acceptés à l'université et devinrent majoritaires. Le moindre conflit universitaire devint une affaire d'État, et souvent une affaire internationale puisqu'il ravivait à chaque fois les appartenances nationales. Dans ses écrits ultérieurs Max Weber croit comprendre la nostalgie des Alsaciens issus comme il l'écrit de la *Grande Nation* qui les avait émancipés de la féodalité. Il rappelle les pauvres reliques napoléoniennes montrées à Colmar, la grande histoire fait aussi partie de l'histoire personnelle des individus, les en priver, les faire entrer de plain-pied dans l'histoire du Reich s'est révélé être une gageure, tout au moins au XIXe siècle.[25]

Sa famille élargie cependant ne se limite pas aux Baumgarten et aux Benecke, lorsqu'il va faire un voyage en s'arrêtant à Heidelberg, puis à Karlsruhe, il rencontre à chaque fois des membres de la parenté qu'il s'agisse des Hausrath de Heidelberg qui habitent la grande et belle maison au bord du Neckar qui va ultérieurement devenir la sienne, ou qu'il s'agisse des Jolly de Karlsruhe, dont l'élément masculin est le beau-frère d'Hermann Baumgarten, un homme politique connu du pays de Bade. A chaque voyage qu'il entreprendra dans le Sud du Reich Allemand, il reviendra un trimestre en 1887 pour des activités militaires, puis fera un voyage personnel en 1892,

[25] Max Weber, Economie et société, Paris, Plon, 1971, p. 424-425

il s'arrêtera dans ces différentes maisons pour voir la parenté. En 1892, il ajoutera à ses pérégrinations une visite à Clara, sa jeune sœur de dix-sept ans qui se trouve à Altmorschen pour suivre des cours de cuisine chez Clara Rohnnert. Ainsi, si l'on peut qualifier Max Weber de prussien (comme il se définit lui-même lors de la leçon inaugurale de Freiburg im Brisgau) il a passé sa jeunesse à Berlin, son père travaille pour le Landtag de Prusse, il y a néanmoins chez lui un tropisme vers l'Allemagne du Sud, Freiburg im Brisgau, Heidelberg et son enchanteresse, celle qui va charmer ses vieux jours vient de Metz, ville de garnison de son père ; il s'agit d'Elsa von Richtshoffen.

4. Max Weber et les Alsaciens

Ses rapports avec les autochtones d'Alsace et de Lorraine sont tout d'abord liés à des rencontres personnelles : la femme de Phalsbourg qui lui apporte un pot de café, la jeune fille et ses parents qui sont en visite chez son oncle Baumgarten. Il s'agit à chaque fois d'une occurrence relevée par l'épistolier qui mérite d'être notée dans ses lettres à sa famille, soit parce que la femme phalsbourgeoise a été généreuse envers le soldat Weber, soit parce que la jeune fille alsacienne était jolie, et qu'il s'est plu à lui raconter des histoires de duels d'étudiants en la faisant rire. Il évoque aussi la colère qu'il ressent à Saverne lorsqu'il loge dans un lit infesté de punaises et sa haine envers cette population savernoise qui ose proposer des logements de cette nature à des soldats du Reich ! Tout autre sera son discours dans la région de Haguenau où des paysans plus riches l'accueillent et lui demandent s'il est le fils du député Max Weber mentionné dans le journal. Ainsi, ses sentiments varient selon les situations et justifient sa colère ou sa satisfaction. Il observe cependant le refus général de la population de les recevoir et note la différence avec le Pays de Bade où les militaires sont accueillis spontanément par la population, même très tard le soir. Par contre, alors qu'il va danser en 1885 il trouve les jeunes filles plus abordables qu'à Berlin, on peut leur parler plus aisément. On voit par cette remarque que Max Weber est timide avec les femmes, il est plus à l'aise dans un environnement masculin ou au sein de sa famille élargie, où il est en mesure de chercher à analyser la personnalité des différentes jeunes filles ou femmes de la maison. C'est Emmy qui recueille ses suffrages, il va aller l'écouter chanter Wagner alors qu'il est fatigué, il va se rendre à Waldkirch pour la retrouver à nouveau. Sa tante et sa mère ont compris qu'il s'agissait d'une idylle naissante, elles ne l'ont pas découragée, bien au contraire, on pensait au mariage. Dans une lettre à sa petite sœur qui semble être sa confidente sur ce sujet, il raconte son émotion en voyant qu'Emmy n'était pas en voie de guérison à Ottilienhaus, mais qu'elle semblait loin, perdue dans un autre monde, celui de la maladie psychique si fréquente à l'époque. Par contre, sa sœur Anna semblait sur la voie de la guérison puisqu'elle allait suivre un cours de cuisine pour acquérir la science du ménage, et devenir une ménagère accomplie.

Ultérieurement, dans un texte qui sera repris de l'ouvrage « Economie et Société » et dans une forme légèrement différente dans le volume « Les communautés » en évoquant la nation, il reconnaîtra que les Alsaciens germanophones (ils le sont tous à cette époque) se sentent et se voient comme des Français, une nation, et une civilisation, envers laquelle ils ont non seulement de l'estime, mais aussi une véritable nostalgie qu'ils manifestent dans leurs votes protestataires. [26]Le dialecte alsacien fait partie du quotidien, alors que le français renvoie à une culture et une civilisation, comme il

[26] Max Weber, Les communautés, Paris, Editions La Découverte, 2019

le note lui-même. Ce fut pour les Allemands de l'Empire, une erreur d'appréciation majeure de penser les Alsaciens comme étant des «*frères perdus*» selon la terminologie allemande officielle, c'était évidemment un effet de propagande et d'appropriation du pays, comme si le traité de Westphalie de 1648 et l'armistice de Ratisbonne de 1685 représentaient pour les autochtones du XIXe siècle un passé proche, et renvoyaient à une patrie germanique perdue.

Max Weber cite dans ses références Werner Wittich, enseignant extraordinaire à l'Université Kaiser Wilhelm, qui avait épousé une Alsacienne et avait formalisé l'appartenance des Alsaciens à une double culture allemande et française, ainsi qu'à un même partage du monde des sens avec les Français.[27]C'est Georg Simmel qui va mettre ce thème de « la culture des sens » à l'honneur et montrer dans un *Excursus* qu'elle fait partie intégrante de la culture, en choisissant les thèmes de la vue et de l'ouïe pour l'expliciter. L'explication par la double culture de Wittich ne rencontrait pas l'adhésion des autorités allemandes, par contre cette explication a donné satisfaction aux Alsaciens d'abord, et ensuite à une fraction des Allemands. Nous n'envisageons plus aujourd'hui la culture sous cet aspect holistique et tranché, où s'affronterait d'un côté la culture allemande, et de l'autre la culture française. Lévi- Strauss est passé par là en nous rendant attentifs aux éléments culturels, empruntés dans différentes cultures, comme la langue elle-même en offre l'illustration. Dans les cercles allemands on se moquait alors des Alsaciens en disant qu'ils aimaient le pain blanc et le vin rouge, c'était la raison pour laquelle ils chérissaient la nation française. Or, cette assertion sous sa forme triviale, montre qu'entre la France et l'Alsace c'est

[27] Werner Wittich, Deutsche und franzosiche Kultur im Elsass, Revue alsacienne illustrée, t 2, 1900, pp.71-92, 110-113,177-216

la logique du ventre qui prévaut, elle reflète cependant une part de la réalité : celle des représentations alsaciennes de soi dans les œuvres picturales et littéraires.

Les représentations artistiques de l'Alsacien le présentent souvent en train de manger de façon gourmande une quantité de plats comme dans le tableau du *Hans im Schnokeloch* traité par Charles Spindler en marqueterie, ou par d'autres peintres ; il est vrai que Jean du *Trou aux moustiques* est une caricature, mais une caricature qui sonne vrai à l'oreille des Alsaciens ! Erckmann et Chatrian évoquent l'ami Fritz dans leur comédie et le montrent à table en train de se régaler des dampfnudels de Suzel. Le mariage de l'ami Fritz est encore joué de nos jours dans les communes alsaciennes, il appartient certes à une mise en scène touristique, mais aussi paradigmatique : celle du mangeur alsacien.[28] Les œuvres picturales et littéraires auraient tendance à privilégier l'homme installé à table, servi par une pléiade de servantes comme dans l'œuvre de Spindler du *Hans im Schnokeloch*, l'éternel insatisfait *qui ne sait pas ce qu'il veut*, comme le dit la chanson, il n'est qu'un autre nous-même, une représentation de nos doutes sur nos appartenances réelles et imaginaires qui révèlent les contradictions qu'elles engendrent.[29]

L'univers des sens est cependant plus vaste que cette ingestion gourmande ne le laisse supposer. Pour les Alsaciens ayant été français, la référence gastronomique ne porte pas seulement sur les dampfnudels préparés par Suzel de l'ami Fritz, mais elle se situe aussi à Paris, ainsi qu'à toutes les références ayant trait au bon goût : qu'il s'agisse du vêtement ou des manières de recevoir, de répondre au courrier de façon galante et élégante. Ainsi,

---

[28] Erckmann et Alexandre Chatrian, L'ami Fritz, comédie en 3 actes, Paris, Edition Nelson, 1932

[29] Voir Frederic Hoffet Psychanalyse de l'Alsace, Colmar, Editions Alsacia, 1973

les bonnes manières, le bon goût, appartiennent à la capitale selon l'adage : *Il n'est de bon bec que de Paris.* Les aspirations de l'univers des sens ne sont pas germaniques, elles sont françaises, même si l'on n'est jamais allé dans la capitale française. Rappelons cependant que nombre de jeunes filles avaient été engagées comme bonnes dans la capitale, elles rapportaient de leur engagement une plus vaste connaissance des usages culinaires et des manières de recevoir. Une supériorité dans le goût est reconnue à la France en général. Mais, c'est là que se situe la distance psychique, voire la distance intérieure comme le mentionne Georg Simmel dans les relations sociales entre Allemands et Alsaciens.[30]Les uns croient parler aux autres d'une manière appropriée dans un allemand de qualité, les seconds peuvent se sentir froissés d'être interpellés ainsi, dans un allemand qu'ils pensent prussien, quelquefois, ils accroissent la distance sociale en faisant usage du dialecte pour bien montrer que l'on ne s'adresse pas ainsi à eux, ou pour bien faire comprendre qu'ils appartiennent à un autre monde, à une autre patrie et qu'ils sont chez eux ; rappelons que le dialecte était truffé de mots français. Certains vont s'exprimer au Reichstag à Berlin en alsacien pour bien montrer leur appartenance, d'autres, vont venir à la Chambre du Reichsland avec un gros dictionnaire franco-allemand comme Zorn von Bulach, alors qu'il n'en avait nul besoin. Paradoxalement, le dialecte alsacien était devenu une forme de protection contre les atteintes de l'autorité, du rang, alors que pour l'interlocuteur allemand, il était la manifestation d'une absence de culture. Max Weber fait la même erreur d'analyse, pour lui, les paysans de Haguenau chez lesquels il était logé parlent de manière compréhensible : ils s'expriment probablement en

[30] Georg Simmel, Sociologie, Etudes sur les formes de socialisation, Paris, PUF, 1992, pp 629- 644

Hochdeutsch, il pense que leur langage est plus proche de l'allemand alors que le dialecte haguenovien est d'origine alémanique comme celui de Strasbourg. Il est vrai qu'à Wissembourg, on passe au francique méridional et sa remarque peut alors paraître tout à fait justifiée. Croyant se mettre au diapason du langage des soldats, un officier de Saverne les a traités de *Wackes*, de voyous ; cela a engendré l'affaire de Saverne en 1913 qui eut un retentissement mondial. Un soldat, peut traiter un autre soldat de *Wackes,* mais un officier ne peut le faire, il déroge à son rôle de supérieur en s'exprimant de la sorte.

Max Weber ajoute dans son texte sur les communautés que : La « grande nation » avait délivré de la servitude féodale... [31] », c'est ainsi qu'il résume son appréhension du rôle de la France dans l'intériorisation de la communauté politique par les Alsaciens, c'est ainsi que lui apparaît la différence politique entre les Alsaciens du Reichsland, et les Allemands, après avoir visité, comme il le dit lui-même, un musée à Colmar disposant de pauvres reliques des époques françaises révolues, où se distinguaient en particulier les reliques napoléoniennes. Contrairement à la visite colmarienne de Max Weber, les Alsaciens attribuent la libération du régime féodal à la Révolution française, et dans les campagnes, l'occasion de devenir propriétaire foncier après la vente des biens de l'Église fut hautement prisée, même si nombre de catholiques ont craint les feux de l'enfer en se pourvoyant en biens du clergé. L'abaissement de la puissance féodale, et son corollaire, celui de la modification des rapports sociaux et des relations sociales étaient entrés dans les mœurs en Alsace, même si, ici ou là, demeuraient des usages anciens qui se perpétuaient dans des domaines étroitement circonscrits. La venue de la noblesse allemande en Alsace, ainsi que les visites impériales fêtant

---

[31] Max Weber, Economie et société, Paris, Plon, 1971, p.425

le joyeux avènement de l'empereur et de sa cour, étaient considérées comme des manifestations de l'ancien temps, et suscitaient non pas l'adhésion, mais la réprobation, ou au mieux l'indifférence. La reconstruction du château du Haut Kœnigsbourg, devenu depuis un haut lieu de visites touristiques, participait de ce hiatus entre une population ayant rompu avec la féodalité depuis des décennies, et la féodalité allemande omniprésente dans les grands emplois d'État et notamment ceux du Reichsland. L'apparat allemand, le langage, les manières d'être faisaient le bonheur des caricaturistes, mais pouvaient apparaître aux yeux des Alsaciens comme des usages d'un autre temps, d'une autre culture qu'ils ne souhaitaient pas partager pour la plupart, et dont ils ne connaissaient ni l'alpha ni l'oméga.

Sur le tard, et en réfléchissant à cette communauté politique entre les Alsaciens et les Français bien qu'ils ne partageassent pas la même langue, Max Weber abandonne probablement les idées qu'il exprimait dans ses lettres : celles du rejet de Manteuffel qui voulait faire *une politique des notables ouverte aux catholiques*, celles de la germanisation du peuple, et celles du Kulturkampf qu'il défendait ; il reste néanmoins ferme sur l'idée de l'Alsace dans le Reich allemand et se refuse à penser, même au cours de la guerre de 1914-1918 à une cession de la province, alors qu'il sait très bien, en raison de son amitié pour Elsa von Richsthoffen que Metz était française de langue et de culture ; ils évoquent même, l'un et l'autre, le légendaire Graoully, véritable emblème de Metz dans la figure d'un dragon. Il signe même de ce nom dans une lettre à son amante.[32]

[32] Graoully : Saint Clément terrasse le dragon ou le serpent que l'on nomme Graoully.

5. Max Weber, le religieux et ses proches

Le soldat Weber n'est pas encore celui de la guerre des dieux, et du processus de perte de l'enchantement du monde, ou celui de la Considération intermédiaire *Zwichenanbrachtung*. Avec son régiment, il va se rendre aux cultes protestants pour les militaires, *Sankt Paulkirsche,* l'Église réformée de garnison n'est pas encore achevée, et, le culte catholique en 1887 a lieu à la chapelle Saint Étienne de Strasbourg. À la demande de sa tante il lit William Ellery Channing, le fondateur américain de l'unionisme, un théologien de Boston que l'on compare quelquefois à Fénelon. Son sermon le plus célèbre porte sur : « *The likeness to God* » A la ressemblance de Dieu, thème récurrent dans la Bible, mais qui va à l'encontre de la théologie calviniste. C'est sans doute en raison de la nouveauté de cette prédication que Tante Ida a voulu faire lire cet auteur à son neveu. Pour Weber, Channing est impraticable en ce qui concerne les nécessités de l'État, celles de la nation ou de la guerre. Sur ce sujet, celui de la permanence de l'État, la maison Weber de Charlottenburg fut une bonne école.

Il n'accepte pas les positions tranchées : celles où il faut faire un choix définitif. Il considère d'ailleurs que le sermon de son cousin Otto Baumgarten lors de son ordination était tout à fait excessif et montrait une certaine exacerbation. Il n'adhère pas au mysticisme de l'épouse d'Otto, et s'interroge sur la fascination qu'elle engendre chez autrui. De la même façon, on remarque que les opinions tranchées de la cousine Laura Fallenstein le dérangent, et le conduisent à recommander à ses parents de ne pas l'accueillir à la maison, dans la mesure où il considère qu'elle sème autour d'elle la zizanie, l'hostilité et le conflit. Pour lui, cette foi est excessive.

À l'occasion de la confirmation de son frère Alfred, il lui écrit le 25 mars 1884 en tant que grand frère, mais il nous donne aussi sa vision personnelle de la religion. Le christianisme écrit-il est une énigme que chacun doit résoudre personnellement avec son expérience et ses affects. La religion chrétienne est ouverte à tous, c'est là sa grandeur depuis deux mille ans ; il évoque l'influence qu'elle a eue sur les institutions, les lois, la science, « ... *la chrétienté dirige notre société...* », et guide nos façons de penser, notre culture etc. Le christianisme imprègne nos croyances, mais aussi celles de ceux qui vivent à son contact. Il lui rappelle qu'il est maintenant membre de la communauté chrétienne, et en tant que tel, il doit apporter sa pierre à cet édifice, être au service de l'humanité et agir pour le développement du monde. C'est à cette condition que l'on peut arriver à la paix intérieure. Pour lui, c'est une manière d'arriver à la plénitude.

Dans le propos de Max Weber à son frère, on trouve certes des clichés sur la foi chrétienne et des points de vue convenus et de circonstances, mais on peut aussi penser qu'il s'agit d'un point de vue personnel sur le rôle du christianisme qu'il va développer ultérieurement. *L'agir dans le monde* est au centre de sa discussion sur le rôle du croyant dans la société ; sur ce point, il n'a pas varié lorsqu'il évoquera : « *L'esprit du protestantisme et l'esprit du capitalisme* ». Dans sa lettre du 3 mai 1884 adressée à sa mère, celle-ci semble craindre que son fils Alfred n'ait pas eu une formation chrétienne suffisante qui l'inciterait à penser par lui-même. Le fils aîné rassure sa mère sur ce point, et lui indique qu'Alfred a eu une formation suffisante, d'autant que le père de famille, a su l'épauler. On relève dans ce passage l'anxiété de la mère en ce qui concerne la formation religieuse de son second fils. Les deux sœurs, Ida et Hélène manifestent toutes deux leurs soucis religieux quant à la direction de leurs familles. En donnant des nouvelles de Laura Fallenstein, il montre quel est le type d'attitude religieuse qu'il n'aime pas : celle de l'intransigeance, de l'intolérance obsessionnelle qui confine selon lui, à la pathologie mentale. À cet égard il évoque aussi l'obstination, le despotisme et la violence dans les controverses. Il définit la foi de Laura comme étant une piété visqueuse qui se permet de juger les autres avec de nombreux *a priori*, « *c'est ce que je nomme le christianisme extrême* ». Ainsi, d'un côté nous le voyons qui répudie le christianisme mystique de la femme d'Otto Baumgarten, de l'autre, il condamne le christianisme extrême pratiqué par Laura Fallenstein, et celui de sa sœur qui confine au mysticisme, à la voyance, à la prophétie. Ces deux tendances de la pratique et de l'interprétation religieuses ne le satisfont pas. En 1892, dans sa dernière lettre strasbourgeoise envoyée à sa mère, il évoque la dureté qu'Ida s'est imposée dans sa vie personnelle et familiale, il semble lui imputer l'éloignement d'Otto, et il considère qu'elle n'est pas la personnalité la plus autorisée pour entourer ses deux filles, qui dans *Ottilien Haus*, vivent les affres d'une maladie nerveuse, bien qu'Anna, écrit – il à sa petite sœur Clärchen, semble aller mieux, mais « *Emmy, sa pauvre chérie est encore à moitié dans un autre monde* »[33]. Ainsi, s'achève le jugement qu'il porte sur la sœur aînée de sa mère ; c'est dans une certaine mesure la fin du modèle féminin, que sa mère avait porté aux nues.

La lettre adressée à sa mère suite à l'accompagnement de son régiment au culte catholique à l'église Saint Étienne, montre un Weber curieux, qui connaît bien ses écritures et qui commente l'homélie de l'aumônier militaire catholique sur les ouvriers de la vigne. Il s'attend au commentaire habituel sur les ouvriers de la dernière heure qui reçoivent tous le même salaire, il retrouverait là l'équivalent de l'interprétation protestante, mais il

[33] Lettre à Clara de Strasbourg du 21septembre 1892, Max Weber, Œuvres Complètes, volume Briefe 1897-1917, p 282- 284

découvre l'adjonction de l'amour pour bénéficier de la grâce divine, cette interprétation figure déjà en bonne et due forme à la fin du XIXe siècle dans le catholicisme. La comptabilité de Dieu, et la comptabilité des hommes ne sont pas comparables dans la pensée chrétienne, la comptabilité divine invite à un supplément d'âme, et à l'amour pour bénéficier de l'élection divine. *A priori* tous les hommes sont égaux : que leur foi soit récente ou que leur foi soit ancienne, l'égalité des croyants en Dieu est pour lui, un principe essentiel du christianisme, ce fut, en des temps anciens la grande nouveauté de ce monothéisme à l'époque du judaïsme, des polythéismes et des religions à mystères.

6. Le nouveau Strasbourg

Entre l'arrivée des professeurs à Strasbourg et leur mise à la retraite ou leur expulsion de France, la ville de Strasbourg a changé fondamentalement : elle a été multipliée par trois ! Lorsque Hermann Baumgarten arrive en 1872, la ville de Strasbourg est un champ de ruines après le siège de plus de deux mois, elle s'étendait jusqu'alors principalement entre ses remparts et ses portes. L'espace est mesuré, l'essentiel se trouve dans la vieille ville, dans la grande île entourée de fortifications et ceinte de rivières. Il va falloir reconstruire Strasbourg, ce sera dans l'esprit de l'architecture de Berlin, du Jugendstil, du néogothique et de la néorenaissance. La reconstruction engendrera l'expansion, dans la mesure où l'on va détruire les fortifications anciennes, et les portes d'entrées de la ville, et en créer de nouvelles à une bien plus grande distance ; ainsi, la ville va tripler de superficie en un temps très court, elle va se développer jusqu'aux *Rings* qui ceinturent la ville. C'est d'ailleurs à *l'Orangerie Ring* que les Baumgarten vont habiter dès 1880. Ils sont en face d'un jardin public de toute beauté comme le juge Max Weber, l'Orangerie, mais il se situe aux limites de Strasbourg, la maison est isolée, loin du centre – ville, ce que regrettera Ida Baumgarten. Elle se trouve loin des Strasbourgeois et des œuvres sociales qu'elle avait coutume de pratiquer lorsqu'elle habitait Kalbsgasse auparavant[34]. D'ailleurs, après la mort de son mari en 1897, elle va mettre la maison de l'Orangerie en location, et louer un appartement plus petit au centre-ville. Les universitaires qui sont venus à cette époque héroïque, ne seront pas installés dans les bâtiments néorenaissance dès leur arrivée. Le Palais universitaire, *Collegiumgebäude* ne sera achevé qu'en 1884, date de son inauguration. Marie Noëlle Denis évoquent les déplacements des professeurs vers la ville nouvelle dès que les constructions s'achèvent, la plupart vont changer de cadre et préférer des espaces plus larges ; ainsi Baumgarten s'installe près de l'Orangerie et regrette, comme le note Max Weber la coupe des platanes qui ont été faits au ras des embranchements.[35]La famille Benecke se trouve Quai Lezay Marnesia, ils vont déménager ultérieurement en 1892 au numéro 1, de la rue Goethe dans une villa de dix pièces qu'ils ont fait construire ; c'est le numéro 47 aujourd'hui, qui a été mis sous séquestre, et qui appartient à l'université aujourd'hui. Les trois sœurs Fallenstein devenues les épouses Weber, Baumgarten et Benecke, ayant bénéficié toutes trois de l'héritage Souchay ont décidé de construire avec leurs maris une nouvelle maison à Strasbourg ou d'agrandir celle de Charlottenburg. Les professeurs d'université doivent recevoir leurs étudiants, des pièces de réception leur sont donc nécessaires. Ainsi, après avoir goûté au charme des maisons du XVIIIe siècle ou des immeubles près de la cathédrale, ils se trouvent dans des immeubles neufs avec des

---

[34] Kalbgasse, était la rue de Monsieur Kalb, en traduction française elle deviendra : Rue des Veaux

[35] Marie Noëlle Denis « Vivre à Strasbourg.Professeurs et Etudiants » In, sous la direction de Stephane Jonas, Strasbourg, capitale du Reichsland Alsace-Lorraine et sa nouvelle Université. 1871- 1914, Strasbourg, Oberlin, 1995

salons éclairés au gaz, comme le mentionnent encore les écriteaux restant : *Gaz in Allen Etagen.* Certaines de ces résidences sont devenues aujourd'hui des représentations de corps diplomatiques ou des cabinets médicaux collectifs ou des bâtiments universitaires ; pour l'essentiel, les quartiers de la Neustadt sont très prisés et parmi les plus chers de Strasbourg.

Max Weber se trouve le jour dans une de ces casernes ; elles ont été construites en ville. Un même modèle se rencontre tant à Strasbourg, qu'à Colmar ou à Metz.[36] A Strasbourg, c'est la Caserne Manteuffel qui correspond le mieux à ce genre de bâtiment en briques rouges, elle occupe un pâté de maisons et est toujours en usage aujourd'hui en tant qu'École militaire. Il est de garde à la Citadelle, c'est-à-dire à l'Esplanade aujourd'hui, une expérience traumatisante à ce qu'il dit. Il se rend aussi souvent au Polygone où se trouve l'un des champs de tir militaire. Il narre par le menu la fatigue de ces chemins allers et retours dans la journée, alors que le Polygone ne se trouve qu'à 4,4 kilomètres de la cathédrale de Strasbourg. Il prenait pension à ses frais dans une famille auprès de laquelle il louait une chambre, ainsi on voit que les appelés d'un an, disposent de plus de commodités, d'un espace personnel, mais l'essentiel de leur installation est à leur charge, il va d'ailleurs changer d'appartement. Il se plaint souvent de ses soucis domestiques qui concernent surtout l'habillement, et la rapidité avec laquelle sa veste ou ses autres vêtements s'usent et sont élimés, ainsi que des nombreux gants qui lui sont nécessaires. Pour prendre soin de ses vêtements, il fait appel à une ordonnance et tout ceci grève son budget. C'est d'ailleurs son souci majeur, ses nombreuses dépenses, plus importantes encore que lors de ses années d'études à Heidelberg, elles inquiètent sa mère et son père, d'autant, que ses autres

[36] Il appartient au 2° régiment d'infanterie, N° 47, régiment de Basse- Silésie

frères doivent eux aussi suivre une scolarité longue, et faire leur service militaire. Il semblerait que Max Weber se laisse imposer le paiement de factures de la part des anciens qui boivent aux frais des nouveaux, ainsi que celles des nouveaux. Il regrette aussi, tout en accusant son ordonnance, de voir sa boîte de cigares se vider.

L'espace des uns est germanophone, l'espace des autres est francophone ; ils ne se rencontrent pas et ne se reçoivent pas. C'est ainsi que l'on perçoit le monde selon les universitaires. Certes il peut y avoir des cas atypiques, Max Weber militaire du 2° régiment a rencontré une jeune fille alsacienne et sa famille chez son oncle Baumgarten. Il existe un très grand nombre de couples mixtes, et comme le notent démographes et historiens, les mariages ont été socialement avantageux pour les Alsaciennes. François Uberfill estime qu'un mariage sur cinq pendant cette période, soit 20 % des unions selon son échantillon représentatif, était un mariage *Altdeusche*- Alsacienne, ce qui est considérable.[37]Autour de la *Revue Alsacienne Illustrée* nous rencontrons francophiles et germanophones, une des amies d'Elly Heuss Knapp, la fille du professeur Knapp, est Elsa Koeberlé la poétesse, sa mère faisait partie du cercle francophile, nous rencontrons aussi Albert Schweitzer, et sa fiancée *Altdeutsche* Helene Bresslau dans ce même cercle. Les lieux de socialisation dans les cafés et bistrots, même ceux fréquentés par les étudiants sont « français » ou « allemands ». Ainsi en ville, la géographie des lieux reflète souvent l'appartenance au monde *welche* (c'est ainsi que l'on désigne les francophones), et celui des *Altdeutsche :* c'est un univers dual qui émerge. Les frontières sont subtiles, on peut dire que les Vieux Allemands investissent les nouveaux quartiers de la ville, ses nouvelles institutions, alors que

[37] François, Uberfill, La société strasbourgeoise entre France et Allemagne (1871-1924), Publication de la société savante d'Alsace, 2001, p 123

les Alsaciens restent dans leurs anciens quartiers et déménagent beaucoup moins, comme le note Marie Noëlle Denis. Il semblerait que les professeurs d'université allemands aient compris qu'ils ne seraient jamais invités par les familles alsaciennes, ils en ont pris leur parti, certains vont jusqu'à dire qu'ils vivent dans un ghetto germanique.

Les Allemands, dans leur imaginaire et leur propagande arrivent en Alsace en pensant être chez eux, croyant retrouver des *verlorene Brudern,* des frères perdus de l'Empire ; en voyant les réactions pro — françaises de la part des élus pendant le XIXe siècle (nombre d'entre eux appartiennent au clergé), ils comprennent pour certains, qu'ils se sont fourvoyés dans leurs interprétations, les politiques vont s'essayer au Kultukampf et combattre le catholicisme, dans un premier temps ; d'autres, comme Manteuffel, vont chercher à s'allier les notables les plus importants.[38] Pour les Alsaciens qui n'étaient jamais allés en Prusse, voir arriver de toutes les régions allemandes des personnes dont ils n'auraient jamais imaginé qu'ils puissent avoir un tel accent, une telle vêture, les sidèrent. Ils avaient oublié ce qu'était la féodalité, il la retrouve dans les personnages de l'Empire, dans les usages, dans la langue et dans l'habillement ; il suffit de regarder les étudiants des *Korps* pour s'en convaincre. Ils se sentent envahis, colonisés, relégués à une place inférieure par des Prussiens, alors qu'ils sont chez eux. Mais ils seront aussi emportés par un flux économique et de nouvelles perspectives sociales. Ils vont devenir le centre d'un Etat, le Reichsland d'Alsace – Lorraine qui sera pourvu d'une constitution en 1912, alors que Strasbourg n'était que la

[38] Le Frère Médard « L'Alsace fidèle à elle -même ? »La Bibliothèque alsacienne, La nuée Bleue, Strasbourg, 1990 p 88-89 Rappelle que l'on disait à l'époque : *Manteuffel isch a gueter Teufel gsin. Manteuffel était un bon diable !* Jeu de mot sur *Teufel* qui veut dire diable

préfecture du Bas-Rhin. Longtemps après, en 1940, quand l'ordre nazi va prendre son essor ils diront que ce ne sont plus les mêmes Allemands qui arrivent, cette remarque qui m'a été faites, indique qu'ils avaient une certaine considération pour ceux du XIXe siècle ; c'étaient leurs Allemands, même si beaucoup se sentaient dépossédés de leur identité par leur présence. Les Alsaciens se présentent souvent comme de fins connaisseurs de l'Allemagne, c'est une connaissance spécifique liée au vécu de leurs ancêtres, et sans doute, les Allemands représentent-ils aussi, mais il faut bien se garder de le dire, une petite part d'eux-mêmes, de leur histoire, et de leur rapport à un Autrui proche et éloigné à la fois.[39] Par contre, les Allemands du Troisième Reich, forts des déconvenues en matière d'intégration de l'Alsace – Lorraine dans le deuxième Reich, vont s'approprier l'espace, et mettre une croix gammée sur les ouvrages universitaires, y compris ceux de Max Weber et de Baumgarten, sans oublier les camps de travail et de concentration à une courte distance de Strasbourg !

L'Alsace fut parcourue par le fantassin du 47° régiment, il évoque dans ses courriers ses voyages à Saverne et Phalsbourg, où il devait envoyer son portemanteau militaire à ses frais, et où il obtint un couchage avec un lit plein de vermine, il fulmine contre le côté sale et canaille de cette populace ! Plus agréable semble être son service à Haguenau et à Wissembourg où il discute avec ce qu'il appelle des paysans enrichis. Là, où la rencontre des militaires avec la population sera la plus bienveillante se manifestera évidemment au pays de Bade à Appenweier où les soldats sont attendus tard le soir, et bien reçus avec des victuailles en pleine nuit.

Grâce à ses talents épistolaires, nous pouvons entrer dans l'intimité du jeune Max Weber. Il se met à l'écoute de son oncle, lit Channing sans doute pour faire plaisir à sa tante et

---

[39] Hoffet Frédéric Psychanalyse de l'Alsace, Colmar, Alsacia, 1973

pouvoir discuter avec elle. Tout en restant dans un cercle familial, il arrive à se distancier de sa propre famille grâce au service militaire ; le fait de devoir raconter la vie à Strasbourg lui permet aussi d'objectiver son vécu. Le jeune bourgeois ne sait pas gérer son argent et ses obligations monétaires, ses parents trouvent qu'il dépense beaucoup trop ; il est vrai qu'il était d'usage pour les étudiants de faire des dettes. Cette manière « noble » de se comporter face à l'argent, avec la possibilité de donner « *satisfaction par un duel* » montre la dépendance des catégories bourgeoises envers la noblesse en matière de normes de comportement, et de point d'honneur. Le biographe Radkau insiste sur l'influence des associations étudiantes (*Burschengesellschaften*) dans la pensée weberienne, sur les communalisations (*Gemeinschaftungen*) qu'elles inspirent, et la fraternité qui s'y forge. Weber tire son expérience de son séjour à Heidelberg, mais aussi de son service militaire où il invitait ses hommes à vider avec lui quelques bonnes chopes de bière. Son expérience de la communauté, et sa description de la fraternité viendraient de ces libations de jeunesse, et aussi de celles de l'âge plus mûr auxquelles il accordait de l'importance à Freiburg im Brisgau ; dans ce domaine, il n'était pas une petite nature.

À Strasbourg, où son temps libre était limité non seulement par la fatigue, mais aussi par les obligations militaires, il ne fait pas preuve d'esprit d'aventure, il persévère simplement dans l'habitus étudiant en se rendant tous les jeudis au séminaire de son oncle. C'est le travail intellectuel qui lui manque le plus, et grâce à ses oncles Benecke et Baumgarten qui se fréquentent, il perçoit ce qu'est dans le cadre particulier de *Kaiser Wilhelm Universität*, le travail universitaire. Si l'on suit son oncle Baumgarten, il ne connaît que des déceptions, celle de la germanisation de l'Alsace par la culture, déceptions concernant la politique impériale, problèmes familiaux avec la mort de sa bru, sans négliger, et c'est certainement le plus important, la perte de quatre enfants en bas âge. Avec ultérieurement, l'apport d'étudiants Alsaciens et Lorrains, cette université va connaître les effets de la contestation par les chahuts d'étudiants welches contre les étudiants allemands ; ils seraient anodins ou de faible importance et prêteraient même à rire ou à sourire, si toute contestation n'était pas considérée comme une menace pour l'ordre politique. Il en est allé de même dans l'Union Française, sous le régime de l'autonomie ; ainsi, dans les Lycées en Afrique Centrale, toute contestation minime, était interprétée comme une atteinte à l'ordre politique, et utilisée par les représentants élus comme telle.[40]C'est l'effet de la domination par un peuple allogène, nous pourrions évoquer avec Georges Balandier la « *situation coloniale* ». Pourtant, la plupart de ces universitaires non seulement connaissaient le français, certains, avaient travaillé en France et aimaient la France comme le philosophe Windelband, ancien recteur. Le français n'était pas un idiome interdit, comme il le sera sous le Troisième Reich, c'est d'ailleurs par un effet de cette tolérance que le cercle des francophiles va devenir plus exclusif. Des mondes sociaux se sont créés, sans se fréquenter dans les classes supérieures. Ce qui n'est pas le cas, pendant cette période, dans les catégories plus modestes et moyennes où l'on se marie entre *Altdeutsche* et Alsaciennes. Les illustrateurs, peintres et artisans d'art vont traverser ces différents mondes, et en fin de compte, devenir ceux qui aujourd'hui encore ont représenté l'Alsace, et ont créé l'image de l'Alsace : celle de nos rêves, celle de nos stéréotypes, celle d'un monde disparu, mais toujours présent par les images et les symboles.

---

[40] Suzie Guth, Stratégies d'éviction et stratégies de confirmation en AEF (1947 et 1956) In Les Cahiers de l'ARES, 1, IRD, 1999

CHAPITRE II

L'influence du service militaire sur les études sociologiques ultérieures

L'expérience du service militaire en Alsace comme en Prusse Occidentale à Posen va être décisive pour le jeune Max Weber lorsqu'à l'âge de 29 ans il voudra interpréter les données des enquêtes menées sur le monde agraire pour le *Verein für Sozial Politik.* Selon la reconstitution historique des faits qu'en donne Joachim Radkau, l'influence de son père pourrait avoir été déterminante dans le choix de Weber pour mener ces travaux. Son père appartenait à la Commission du Landtag de Prusse et mettait au point une loi réglementant l'installation des Allemands à Posen et en Prusse Occidentale. Max Weber à l'époque travaillait avec Meitzen et Goldsmidt, Meitzen était un spécialiste de la zadruga, du mir et des questions agraires, et selon Honigsheim, Weber suit un séminaire de Meitzen et de von Schmoller intitulé *Staatswissenschaftlichestatistiche Seminar*[41], ce dernier séminaire sera l'instrument nécessaire pour faire entrer Weber dans le groupe des professeurs du

[41] Séminaire d'études statistiques sociales. August Meitzen est professeur de statistiques et d'économie à l'université de Berlin, spécialiste des questions agraires et du monde rural. Gustav von Schmoller est le chef de file de l'école historique allemande et du socialisme de la chaire.

Verein[42]. C'est cependant à Meitzen qu'il va conserver toute son estime pendant toute sa vie[43]. À 29 ans, grâce à son travail et ses conférences sur l'enquête considérée comme remarquables, fut-ce par le professeur Knapp de l'Université Kaiser Wilhelms de Strasbourg, Max Weber va appartenir au Comité du *Verein für Sozial Politik* ; il disposera de ce fait, d'un véritable viatique pour faire carrière dans l'Université allemande. Son père, connaissait déjà Altoff, qui jouait un grand rôle dans les carrières universitaires, ces quelques éléments expliquent peut-être la soudaine fulgurance avec laquelle Max Weber est devenu professeur en économie à l'Université de Freiburg im Brisgau en pays de Bade, alors qu'il disait lui-même qu'il peinait beaucoup dans cette matière car il n'y connaissait rien.[44] J.Radkau insiste sur ses capacités oratoires qui pouvaient impressionner un public, et c'est bien grâce à sa rhétorique, à son assurance, à sa voix de baryton face à une assemblée qu'il va asseoir sa réputation. Deux enquêtes sur l'état du système agricole à l'Est de l'Elbe se suivent. Dans la première enquête, Max Weber n'intervient pas dans la formulation des questionnaires : ils sont envoyés aux propriétaires terriens qui répondent en lieu et place de leurs personnels, traduits en français, le questionnaire atteint 12 pages et demande que l'on réponde globalement (1891)[45]. La seconde enquête (1892) est envoyée aux pasteurs qui ont la charge de devoir répondre pour leurs paroissiens et leur paroisse, cette enquête, une fois traduite en français est forte de 19 pages[46]. Göhre, l'ami de

---

[42] Paul Honigsheim, The unknown Max Weber, New Brunswick (USA), Londres, Transaction Publishers, 2003.

[43] August Meitzen (1822- 1910), conseiller d'État en statistiques. Spécialiste de géographie historique du monde rural européen. Professeur associé de statistiques et d'économie à l'Université de Berlin.

[44] Julien Freund, La science sans présuppositions. La querelle autour d'une chaire d'histoire à l'Université de Strasbourg, In Revue des Sciences Sociales de la France de l'Est, 2,1973

[45] Traduction de P. Gauthis

[46] Ibidem

Weber, pasteur, travaille avec lui, et tous les deux vont élaborer le rapport. Göhre est une relation d'Otto Baumgarten, il est devenu secrétaire général du Congrès Social Évangélique et a créé la Revue *Die Hilfe* dans laquelle Weber va publier. Ces deux questionnaires nous paraîtraient aujourd'hui inexploitables tant il y a de questions, souvent, de jugements de valeurs. Tous les questionnaires du XIXe siècle ou du début du XXe siècle ont cet aspect fourre - tout, les questions se mélangent et induisent quelquefois les réponses. Ainsi, dans le Questionnaire de l'enquête pour le Congrès Évangélique, question 3A (p 18). *Peut-on parler d'une « relation patriarcale » entre l'employeur et les travailleurs, c'est-à-dire de sollicitude paternelle d'un côté, et d'un attachement fidèle de l'autre ?* Cette formulation veut expliquer au lecteur ce qu'est une relation patriarcale, mais est - ce la définition qu'en donneraient les *Instleute* qui sont réclamés impérativement pour des corvées et qui pestent contre ces satanées corvées ? On peut noter d'ailleurs dans les commentaires et les conférences à propos des réponses à ces questions, combien la synthèse est malaisée, dans la mesure où l'on se perd face à un fatras d'éléments de statuts ou de propriété, Weber va essayer à chaque fois d'aborder la différenciation professionnelle entre les travailleurs de la terre dans les grands domaines seigneuriaux, et l'ensemble complexe d'obligations seigneuriales. Il en va ainsi des dons obligatoires, des journaliers recrutés à l'année, des métayers disposant d'une maison et de quelques arpents de terre ainsi que d'une vache. On remarque, qu'il cherche à trouver une hiérarchisation dans ce monde et qu'il essaye de voir comment celui-ci risque d'évoluer dans le futur. Il met cette situation de domination en rapport avec les aspirations à la liberté, et les capacités à émigrer aux États — Unis ; nous sommes dans la plus grande phase d'émigration vers le continent américain, soit à la suite de la *Sachsengangenheit*, l'émigration temporaire pour travailler sur les grands domaines en été, elle est le fait de centaines de milliers de paysans, polonais en majorité ; certains vont participer à ce premier mouvement comme ce sera le cas de Wladeck autobiographe du Paysan Polonais en Europe et en Amérique, ou aller directement aux États Unis sans passer par l'expérience saxonne.[47] Il va d'ailleurs reprendre à son compte la thèse du professeur Knapp de l'Université Kaiser Wilhem de Strasbourg qui a travaillé sur la période *Stein-Hardenberg,* en indiquant l'existence d'un double mouvement : la libération du paysan, son aspiration à la liberté d'une part, et celle d'une paupérisation sur le marché du travail, d'autre part. Il relève les mêmes causes et conséquences dans ces deux enquêtes.

1. Pourquoi les questions agraires prennent-elles une si grande importance vers la fin du XIX° siècle ?

Plusieurs réponses peuvent être apportées à cette question. L'Empire allemand est dans une grande phase d'expansion, d'unification et de colonisation des terres, sa population croît et ses ressources doivent augmenter, il a un déficit annuel de 10 % en ce qui concerne la consommation des blés à la fin du XIXe siècle. Les blés américains arrivent sur le marché à des coûts très inférieurs aux blés européens ; ils sont issus du Middle West américain pour l'essentiel, de ces fameuses *bonanza farms* ou *mammoth farms* du Dakota ou du Minnesota. L'économie allemande et européenne connaît une crise déflationniste de 1873-1886, les prix agricoles chutent. L'empire allemand et la France vont prendre des mesures protectionnistes pour sauvegarder leur économie rurale. L'industrialisation germanique a elle aussi besoin de bras

[47] W.I.Thomas, F.Znaniecki " The Polish peasant in Europe and America", New York, Octagon Books, 1974, 2 tomes

comme Max Weber le mentionne, et la concurrence de main-d'œuvre dans le monde rural devient manifeste ; il faut développer la productivité des terres agricoles. Rita Aldenhof- Hübinger conclut son article *« Deux politiques agricoles ? France et Allemagne (1880-1914)* » de la manière suivante :

« *Le protectionnisme fut la réponse de presque tous les pays européens à l'internationalisation des marchés. Les mesures prises dans les deux pays offrent un parallélisme frappant aussi bien au niveau des organisations agricoles que des gouvernements qui cherchèrent à lier agriculture et système politique. À la différence de la France, le protectionnisme agricole en Allemagne fut « agressif » et conduisit à une polarisation économique et politique de la société, le développement de l'industrialisation était plus avancé. En France, le protectionnisme fut plutôt « défensif » conservant les structures sociales et économiques existantes.* »[48]

Elle estime dans un tableau (page 81) que la productivité des terres qui était équivalente en France et en Allemagne en 1860 va évoluer de 12,2 à 16 puis à 30,6 pour l'Allemagne, alors qu'en France on se trouve aussi à 12,2 en 1860, on va évoluer en 1880 à 13,7, puis en 1910 à 17,7. Comme on peut le voir les gains de productivité allemand sont très vigoureux comparés à ceux de la France.[49]Rappelons, qu'elle a encore des terres à conquérir.

Les travaux sur la structure du monde agraire, sur l'emploi, sur la division du travail et les rémunérations en nature et en argent, sur la pratique religieuse des paroissiens protestants, sur l'autorité face aux propriétaires

---

[48] Rita, Aldenhoff-Hübinger *Deux politiques agricole ? France et Allemagne (1880-1914)* In Histoire et Sociétés Rurales, 23, 1° septembre 2005, pp. 65-87

[49] Bairoch, Paul *Les trois révolutions agricoles du monde développé. Rendement et productivité de 1800 à 1985*, Annales, ESC, 1989, vol 44/2, p 329

terrien, cherchent à évaluer l'organisation sociale de ce monde prussien, pour proposer une politique agraire rationnelle face aux nombreux problèmes posés.

Les solutions proposées par Max Weber reflètent ses préférences pour les modèles fonciers d'exploitation. Rappelons - nous ses marches et manœuvres de Strasbourg à Phalsbourg, celles à Appenweier en pays de Bade et celles à Haguenau, Sarreguemines, celles dans la région de Posen où il loge au Grand Hôtel. Il a le temps lors de ces marches de regarder le paysage et de passer par les fermes ; son choix semble fait, il préfère l'Allemagne du Sud, elle est plus prospère, plus peuplée, plus dense. C'est donc le modèle de la petite propriété qu'il va vouloir mettre en avant et proposer, alors qu'à cette époque d'intense colonisation européenne, le modèle prégnant pour les nouveaux territoires est un modèle de grande propriété, quelquefois de la taille d'un petit État européen. En raison de la complexité du questionnaire, l'expression des résultats n'est pas toujours aisée à comprendre, nous allons donc présenter des résultats d'une manière très simplifiée.[50]Nous fonderons nos premiers commentaires sur l'enquête à partir de la communication présentée le 20 et 21 mars 1893 lors de l'assemblée générale du *Verein für Sozial Politik.* La présentation de Max Weber s'intitule « *Die Ländliche Arbeitsverfassung* », que nous pourrions traduire par "*Les us et coutumes du travail rural".* Pour Max Weber, l'avenir de l'agriculture se situe bien plus dans la petite propriété que dans la grande pour des raisons qui semblent plus tenir aux valeurs qu'à des raisons pratiques. Chacun peut être son maître dans la petite propriété. L'agriculteur est indépendant, l'individualisme est poussé à l'extrême ainsi que l'égalité entre les héritiers, puisque tous les membres de la famille héritent. On refuse même les dons et obligations, ce que l'on nomme par

[50] Traductions de Patrick Gauthis

ailleurs le *Gedankengeld.* On donne un coup de main entre voisins sans obligations, ni dons. Ce que dans le domaine prussien on appelle : le « *verdammte Pflicht und Schuldigkeit* » à savoir : le *satané devoir et l'obligation* qui impliquent nombre de tensions pour le travailleur, sont ici inconnus. De la même façon, la division du travail est simple et n'engendre pas une hiérarchie ; le valet mange à la table du maître, la commensalité les réunit tous. Il n'y a pas comme en Prusse, et dans les domaines seigneuriaux de signes ostentatoires de domination, et surtout, il n'y a pas cette pluralité de statuts que l'on rencontre dans tous les grands domaines.

Weber semble idéaliser le monde de la petite exploitation, elle est souvent à la limite de la survie et elle sert surtout à l'autoconsommation, sauf si l'on se livre à des cultures très valorisées. Il mentionne dans son mémoire les pays de la Hesse, du Wurtenberg et les pays le long du cours du Rhin : c'est donc bien le modèle de l'Allemagne du Sud qu'il trouve attrayant et qu'il préconise. Il néglige la compétition sociale entre le *Knecht* et le *Bür,* certes il arrive que le valet épouse la fille du paysan chez lequel il travaille, mais la culture locale a toujours distingué entre le *Rossbür* disposant d'un cheval, et le paysan à vaches. Le *Rossbür* peut s'offrir un cheval pour les labours, il est dans une situation sociale supérieure par rapport à celui qui ne dispose que de ses bœufs pour labourer ; il peut prêter son cheval à autrui moyennant un arrangement. De plus, même dans un terroir de petites propriétés, de plus grands propriétaires sont présents qui disposent d'une centaine d'hectares et qui deviennent souvent *de facto* des notables locaux. Dans cette période de forte fécondité de l'Empire allemand, la petite propriété ne permet pas toujours la survie du groupe familial, elle est à la limite de la rationalité économique, ce que Weber dénonce aussi.

Posen et les villes alentour furent pour lui, en 1888, un séjour où tout lui semblait déplaisant, malgré le fait qu'il était gradé. Il écrit peu, il le dit lui-même, j'écrirai quand j'aurai quelque chose à dire. Il ne se plaît pas dans ces confins germano-polonais et il regrette Strasbourg. Cette fois-ci, il ne maigrit pas, et demande de l'argent à sa mère après les manœuvres car celles-ci coûtent cher. Il reconnaît que lors de ces manœuvres le paysage est beau comme en Suisse. Ainsi, l'impression que lui donne la région de Posen et des alentours est plutôt négative, malgré la beauté de la nature, il voit bien que la région est bien moins développée que l'Allemagne du Sud en termes de routes, de voies de chemin de fer, de densité de population. C'est sans doute à cause de cette opposition entre l'Allemagne du Sud et cette Allemagne du Nord-Est qu'il va proposer le modèle de propriété méridional, allant à contre-courant de la tendance de l'époque qui comme aux États-Unis, et grâce aux progrès de la mécanisation allait vers des fermes de grande étendue.

Voici comment dans le rapport fait au Congrès Évangélique, à partir d'un questionnaire d'enquête bien plus important il argumente ses choix. Il indique qu'il existe à l'Est une surface d'une grande étendue :

« ... *où selon les circonstances actuelles et telles qu'elles se présenteront à la prochaine génération, la petite entreprise agricole a une longueur d'avance par rapport à la grande exploitation sur deux facteurs essentiels qui sont justement décisifs maintenant : d'une part la signification relativement importante de la force de travail, la participation du propriétaire et de sa famille aux tâches de l'exploitation, et d'autre part, toutes proportions gardées, une plus faible dépendance face aux possibilités de recrutement d'une main-d'œuvre étrangère qui en découle. Mais, s'ensuit également la dépendance relativement plus faible de la fluctuation des prix sur le marché mondial qui lui est favorable, car l'importance de la vente des produits est relativement plus faible au regard du budget dont dispose le paysan. »* [51]

Il indique ensuite que certes, ceci s'oppose à l'École de Manchester et au courant socialiste qui stipule que la grande exploitation est vouée à devenir hégémonique. Il balaye cette objection disant qu'en ce qui concerne le socialisme pur, il est lui – même le produit de circonstances sociales incontestables et plus précisément le reflet de la grande ville. On voit que le modèle de la petite propriété n'altère pas *le Deutschtum* puisqu'il ne nécessite pas de main-d'œuvre étrangère.

En 1904, à Saint Louis aux États Unis dans sa communication *Capitalism and rural society in Germany* publiée exclusivement en anglais, il simplifie les données ainsi que les explications, il conclut son article de la manière suivante :

« *Au début du XIX*[e] *siècle, l'exclusivité qu'avait le régime seigneurial a été annulée, d'une part, en raison de la Révolution française ou des idées qu'elle propageait, d'autre part, en raison de la Révolution de 1848. La séparation des droits d'accès à la propriété foncière entre les seigneurs territoriaux et les paysans a été abolie ; les contraintes et la gabelle ont été supprimées. En ce qui concerne la forme de la constitution agraire à laquelle ces changements ont donné naissance et qui existent toujours, les brillantes investigations du professeur Knapp et de son école ont montré à quel point la question qui suit fut déterminante : comment ont été répartis les domaines entre les anciens seigneurs et les paysans après la dissolution de la communauté seigneuriale ? À l'Ouest et au Sud, la terre fut remise pour une grande partie, entre*

[51] H.H. Gerth, C.Wright Mills, From Max Weber: Essays in Sociology, Londres, Routledge, 9° édition, pp. 363-385, Chapitre XIV, Capitalism and rural society in Germany

les mains des paysans, alors qu'à l'Est, la majeure partie tomba entre les mains des anciens maîtres féodaux qui se lancèrent dans la culture extensive par le biais des laboureurs libres. Il ne s'agissait que de la conséquence du fait que l'homogénéité de la société agraire avait disparu avant l'émancipation des paysans. »[52]

Cette communication de 1904 indique la prégnance de la séparation entre le Nord-Est et le Sud de l'Empire allemand en termes historiques (sans entrer dans le détail de ses communications antérieures pour le Congrès Évangélique, sans énumérer tous les changements que ce soit en termes de prestations obligatoires que le bailleur doit à son propriétaire, ou à l'inverse, en énumérant les prestations dont les *Insleute* doivent disposer de la part du seigneur ou du propriétaire). Max Weber présente sa communication le 21 septembre 1904, alors que le matin Lester Ward et Ferdinand Toënnies s'exprimaient, le lendemain, ce sera le tour de Sombart qui présentera une communication qui fera grand bruit. L'original de la communication de Saint Louis a disparu, nous ne connaissons qu'une traduction, celle de Gerth, mais pour arriver à mieux comprendre le propos, une nouvelle traduction a été rédigée qui cette fois-ci permet de mieux saisir l'objectif de Weber. Il est arrivé à la conclusion qu'il n'y avait pas de spécificité du monde rural, même si ce dernier a des problèmes spécifiques comme celui des transports, de la conservation des aliments etc. Il voit en Amérique, que le monde rural est en fin de compte celui de l'entrepreneur capitaliste qui cherche à rendre son entreprise la plus profitable possible. En d'autres termes, Max Weber est arrivé à la solution qu'il cherchait dans ses études sur le monde rural : arriver à caractériser l'avenir et l'essence même du monde paysan ; ce sera pour lui, celui

[52] Ibidem p 374, Notre traduction

du monde capitaliste de la libre entreprise.[53] Certes, comme il l'indique, des dominations aristocratiques ou culturelles peuvent freiner ce mouvement, et empêcher cette transformation, l'Europe est plus complexe que les États Unis dans la mesure où le monde rural a existé bien avant le marché, ce qui est l'inverse des États Unis. Là où existait une aristocratie, dans le Sud des États-Unis, celle – ci a été détruite par la guerre de Sécession. En d'autres termes, la Nouvelle Rome américaine préfigure ce que sera le monde de demain lors de l'expansion capitalistique.

2. Un goût manifeste pour les études religieuses

Max Weber vit dans un milieu où les problèmes religieux sont pris très au sérieux. Son oncle est fils de pasteur, son cousin est pasteur, son ami Göhre est pasteur, les sœurs de sa mère, comme sa mère elle-même, prennent l'éducation religieuse de leurs enfants très à cœur en s'interrogeant sur la qualité de l'enseignement et l'engagement de leurs enfants dans l'approfondissement de la foi. Lorsque l'officier Weber doit se rendre à la chapelle Saint Etienne à Strasbourg, il mémorise le prêche de l'aumônier militaire catholique et indique les versets bibliques qui ont été commentés dans son homélie. Il distingue dans cette lettre la manière protestante d'interpréter le texte, distincte écrit-il de la manière catholique, ce qui le surprend. Il s'agit de la parabole des ouvriers de la vigne qui gagnent chacun un talent, pourtant certains n'ont travaillé qu'une heure alors que d'autres ont travaillé depuis le matin. Ce n'est donc pas la quantité de travail qui donne la rémunération, c'est le sens que l'on donne à ce travail comme aurait dit un pasteur protestant,

[53] Scaff Lawrence A, Max Weber in America, Princeton University Press, 2011, pp.54-66

écrit-il. Celui qui reçoit est celui qui bénéficie de la Grâce Divine, mais cette dernière doit aussi être gagnée par l'amour que l'on manifeste. C'est là que Max Weber trouve une divergence avec le protestantisme. Lawrence Scaff qui a publié cette lettre qui était restée dans les archives considère qu'elle est tout à fait exemplaire, sans doute en référence à la dichotomie qu'il élabore. En d'autres termes, les deux confessions reconnaissent toutes deux la nécessité de la foi pour recevoir la Grâce Divine, mais le catholicisme selon l'homélie de l'aumônier militaire, ajoute la nécessité de l'amour et d'un bon usage. Telle est l'interprétation de Max Weber lors du culte catholique à l'église Saint — Étienne de Strasbourg. Si nous transposons cette parabole, nous pouvons dire que le Royaume des Cieux ne sera pas donné en fonction de son ancienneté dans la foi, il sera donné à chacun d'une manière égale que l'on ait été chrétien depuis peu ou depuis longtemps. Max Weber n'insiste pas dans son commentaire sur l'aspect métaphorique de la parabole, sur la comparaison entre le maître et Dieu, et surtout entre l'analogie de la vigne et le Royaume de Dieu ; il se peut que ces images et symboles lui aient été trop familiers et qu'ils étaient sous-entendus dans son commentaire à sa mère. Nous remarquons qu'il est peu disert sur l'égalité de la rémunération divine, or ce thème nous semble fondamental dans la compréhension du christianisme, et à lui seul, caractérise dès sa naissance cette nouvelle religion. Il insiste d'ailleurs sur ce point dans une lettre à son frère.

Lawrence Scaff veut montrer l'observation *in situ* que fait Max Weber en évoquant celles qu'il va faire aux Etats- Unis et qu'il relate dans *Les sectes protestantes et l'esprit du capitalisme.* Il évoque le baptême baptiste et sa rigueur quant à l'examen de la conduite de l'impétrant. Cette sélection par le baptême, par la conduite de vie au sein de la communauté des croyants ou du conventicule va caractériser l'esprit de la secte, contrairement à l'esprit de l'église qui accueille indifféremment tous les croyants et tous les pêcheurs. Ouverture et fermeture du cercle d'appartenance, sélection des impétrants, autant de manifestations en faveur du groupe inclusif et exclusif. En évoquant avec son frère sa prochaine confirmation il mentionne l'énigme que représente le christianisme et qu'il va devoir affronter lui aussi. Il semble avoir une bonne connaissance des écritures, et lit sans doute sur les conseils de sa tante l'Unitarien Channing. Ida Baumgarten voit en Channing une nouvelle voie religieuse, elle pense qu'une nouvelle réformation est nécessaire. Enchanté par cette lecture, il va offrir cet ouvrage à une autre tante à Heidelberg. Les Unitariens qui abandonnent le dogme de La Trinité de Dieu ont été persécutés en Europe, et ont fondé en Amérique des églises. W.E.Channing peut être rangé parmi les théologiens rationalistes qui s'essayent à rationaliser l'interprétation du dogme chrétien. Il est surtout, pour les théologiens européens, un moraliste et un spécialiste des questions sociales. Il va en effet lutter contre l'esclavage et contre l'intempérance ; ce seront ses deux chevaux de batailles. Ernest Renan qui fait un long commentaire sur Channing dans la *Revue des deux mondes* ne lui reconnaît pas les qualités d'un théologien européen, mais reconnaît son importance pour les Œuvres Sociales.[54]

Le religieux fait partie de l'éducation de Max Weber, de son environnement familial. Avoir des pasteurs dans la famille, n'est pas le fait du hasard, ils contribuent à renforcer la recherche religieuse dans le cercle familial et à mettre les sujets religieux à l'ordre du jour. Dans la famille de Max Weber de Charlottenburg, c'est Hélène Weber, sa mère qui était la plus concernée par la formation

[54] Ernest Renan, Channing et le mouvement unitaire aux Etat- Unis, In *Revue des Deux Mondes,* 2° Série, tome 8, 1854, (p 1085-1107)

religieuse, la pratique religieuse et la connaissance religieuse. Issue d'une famille de huguenots, elle a voulu conserver intacte la foi de ses ancêtres, comme l'a fait son autre sœur à Strasbourg tout en s'intéressant aux évolutions du protestantisme dans l'Empire allemand et dans le monde.

3. Le monde politique familial

Max Weber a baigné dans un univers politique familial. À l'adolescence, il a eu le droit d'assister aux séances de discussions que son père tenait à la maison avec ses collègues. La chose publique locale et celle du Reich lui sont donc familières, et il manifeste beaucoup d'intérêts et d'aptitudes à cet égard. Il regrette que l'on n'évoque pas plus la question de l'Alsace Lorraine dans les journaux allemands, gageons qu'il aimerait lire un point de vue autre que le sien. Il se sent tenu d'aller chez l'oncle et il éprouve aussi du plaisir à discuter avec lui des questions politiques du moment. L'oncle Baumgarten semble être souvent d'humeur assez sombre, les problèmes familiaux l'affectent particulièrement, le jeune Weber veut le rasséréner et lui tenir compagnie ; ils semblent l'un et l'autre y prendre plaisir.

En raison de ses obligations en tant que professeur le plus ancien à Strasbourg, en tant qu'ancien Recteur, et surtout en tant que professeur d'histoire moderne et contemporaine, le professeur Baumgarten est attendu par le *Kronprinz*. L'étudiant princier, héritier du trône, se fait pourtant rare, et fréquente peu son séminaire. Baumgarten doit faire un don à Bismark à l'occasion de son soixante-dix-septième anniversaire : 2 000 000 de Marks ont été recueillis, mais Hermann Baumgarten n'est pas satisfait du cadeau que le vieil homme s'est offert : une propriété familiale dont le Chancelier avait dû se défaire auparavant !

Nous découvrons que Max Weber père a participé bien plus qu'il n'y paraît à la carrière de son fils comme nous l'avons vu plus haut à propos des enquêtes du *Verein für Sozial Politik*, mais il fut aussi à l'œuvre pour le financement de l'Université de Strasbourg ; c'est lui qui a débloqué les fonds selon Karen Denni. C'est un homme politique connu, puisque même en Alsace du Nord, un paysan aurait lu dans le journal un article le concernant. Ceci nous conduit à penser que les biographies concernant Max Weber devraient mettre plus l'accent sur le père et sur sa carrière politique, alors qu'elles misent toutes, à l'instar de celle de Marianne Weber, sur la mère : Hélène Weber née Fallenstein. La carrière paternelle semble aussi prendre une tournure plus sociale, dans la mesure où les travaux d'agrandissement de la maison de Charlottenburg, grâce à l'héritage de sa femme vont permettre d'offrir de plus grandes réceptions et accroître le prestige et les réseaux sociaux paternels. Les préoccupations de Max Weber fils semblent suivre les travaux politiques paternels, cette connaissance intérieure du fonctionnement de la représentation nationale, et de la représentation de l'État Prussien donnent à Max Weber ce ton si particulier concernant le domaine politique, cette assurance que l'on croît percevoir dans son discours alors qu'il est si jeune, notamment lors de la Leçon inaugurale à l'Université de Fribourg en Brisgau le 13 mai 1895

C'est une manière de conclusion de ses travaux pour le *Verein für Sozial Politik* dans lequel il livre un bilan global de ce qui lui apparaît comme devant être une suite logique de l'évolution de la paysannerie, son parcours, et ses aspirations. Les migrations en Prusse Occidentale sont intenses, les travailleurs quittent les anciens domaines seigneuriaux où les *Instleute* bénéficiaient d'une certaine sécurité et d'avantages matériels, mais comme le note Weber l'aspiration à la liberté a été le plus fort. Ce qui le frappe c'est de voir que ce sont les sols pauvres qui accueillent le plus de migrants, alors que les terres les plus riches des domaines seigneuriaux voient leur population décliner. Il explique cette différence par l'afflux de la population slave qui s'accommode mieux de la frugalité. Les terres seigneuriales sont quelquefois à la recherche du rendement avec les betteraves sucrières dont la cueillette engendre un travail saisonnier. Quant aux *Instman* qui quittent la sécurité du domaine seigneurial, ils quittent un monde dont ils connaissaient les dispositions, les impératifs pour les illusions de la liberté et quelquefois de la propriété. Son discours opposant le *Deutschtum* à la Polonité a des accents nationalistes et pangermaniques, il reconnaît cependant que certains effets sur le foncier sont dus au *Kulturkampf* ; bien qu'il dise par ailleurs regretter que les cultes ne soient pas rendus en allemand, alors que la population catholique est polonaise de langue. Il ne cherche pas à comprendre la politique défensive foncière mise au point par les Polonais et encouragée, si ce n'est suscité par la noblesse polonaise pour éviter toute germanisation de la terre polonaise. Eux aussi sont des nationalistes ![55]

Pour clore la postérité strasbourgeoise dans l'œuvre et dans la carrière de Weber, nous allons évoquer les concepts mis au point par Max Weber et dont on peut trouver l'expression dans la *Leçon Inaugurale* donnée à l'Université de Fribourg en Brisgau. Les conversations avec l'historien Baumgarten semblent avoir été essentielles pour la maturation de certaines idées comme celle du *Wertfreiheit*, libre par rapport aux valeurs. Il se peut que la Critique de l'œuvre de Treichke ait été à

---

[55] On se reportera aux travaux des sociologues américains et principalement à W.I Thomas et Florian Znaniecki *op.cit*
Suzie Guth, Chicago 1920, Paris, Téraèdre, 2000
W.I.Thomas et F. Znaniecki, Fondation de la sociologie américaine, édité par S.Guth, Paris, L'Harmattan, 2000

l'origine de ce point de vue, mais Weber suivra les cours de Treischke et citera l'auteur à l'occasion. La maison paternelle où Max Weber est resté jusqu'à 29 ans, serait à l'origine de sa conception des élites politiques. Contrairement à ce que laisseraient penser les termes de *neutralité axiologique*, la notion de Wertfreiheit ne correspond pas à une absence de valeurs, elle se présente plutôt comme un choix de valeurs nécessaires, qui conduit à des interprétations distinctes selon le choix opéré. Il invoque l'école historique allemande qui laisse croire que nous pouvons nous abstenir de tout jugement de valeur, c'est selon Weber une illusion. Si nous commençons par prendre en compte l'évolution d'une société, la genèse de ses institutions et que nous allons vers ce qui est actuel, nous justifions l'actuel par ses liens avec le passé. Quel que soit le sujet et il prend l'exemple de la frontière orientale, nous allons justifier le choix opéré qu'il s'agisse de la fermeture ou de l'ouverture. On peut aussi prendre en considération le développement économique, or, trop souvent nous justifions la victoire. « *Et la vocation à diriger politiquement la nation ne coïncide pas toujours.* » Il aborde ces deux thèmes dans son exposé public et renvoie, ce n'est pas un hasard, à la *Macht,* à la puissance, à *un État puissance.*

Ainsi, cette liberté par rapport aux valeurs veut que nous choisissions une valeur et que nous examinions les données en fonction de celle-ci. Nous voyons par les exemples cités plus haut l'influence de l'oncle Baumgarten sur le jeune professeur d'économie politique. Plus personnel, sera le discours sur les élites susceptibles de gouverner le pays, le jeune Weber était sur ce sujet à l'école familiale, il sait que derrière le discours politique se cache d'autres ambitions, son analyse de l'ouvrage de Vassili lu avec Hermann Baumgarten, le fait qu'il lui accorde du crédit indique que cette thématique est au cœur des discussions familiales et préoccupe son père. Il évoque le problème de la domination qui va ultérieurement prendre beaucoup plus d'ampleur. Il considère qu'il est dangereux qu'une classe sur le déclin exerce un leadership sur la nation, il fait allusion aux Junkers qui demandent toujours plus de la part de l'État. Face à son auditoire du pays de Bade à Freiburg im Brisgau lors de la leçon inaugurale, il a cette phrase étonnante : « *Je sais bien que le terme de Junker sonne désagréablement à l'oreille d'un Allemand du Sud. On trouvera peut-être que je tiens un langage « prussien » si je dis un mot en leur faveur.* » Il évoque le problème de la maturité politique, sans véritablement s'interroger sur son contenu, mais il considère que les classes populaires pourraient l'acquérir, mais selon lui, elle devrait échoir aux classes bourgeoises, malheureusement celles – ci devinrent apolitiques et anhistoriques pense-t-il, une fois qu'elles avaient pris leur essor. Il rappelle qu'un grand homme n'est pas le meilleur moyen d'éducation politique, et il s'interroge sur la qualification des classes dominantes. Il reprend la formule fameuse du professeur Mommsen lors de sa soutenance de doctorat : « Si l'on réussissait en effet à créer une « *aristocratie ouvrière* » porteuse de ce sens de la politique dont nous regrettons aujourd'hui l'absence dans le mouvement ouvrier, il serait alors, mais seulement alors, possible de confier à ces épaules plus larges le javelot qui semble encore trop lourd pour le bras encore trop faible de la bourgeoisie. »[56]Il plaide ensuite pour une éducation politique, il veut écarter les *sociopolitiques des bois et des prés* dit-il, et évoque l'amollissement affectif, il montre que l'on ne peut remplacer les idéaux politiques par des idéaux éthiques, et en ce sens Max Weber est un

[56] Max Weber Œuvres politiques, (1895-1919) L'Etat national et la politique de l'économie politique. Leçon inaugurale à l'Université de Fribourg, Albin Michel, 2004, pp.111- 138

penseur moderne. En d'autres termes, le politique n'appartient ni au domaine de l'écologie, ni à celui du *care* comme nous pourrions le dire aujourd'hui, ni à celui de la morale bien qu'elle puisse, à l'occasion, avoir un contenu moral. Il distingue dans le champ politique : la politique de puissance et celle d'un État de puissance. Celle – ci est non seulement fondée sur la raison d'État comme raison ultime, elle implique toujours que l'État se projette dans le futur pour pouvoir mettre en œuvre ou pour créer les bases de ce futur. Telle que la conçoit le jeune Max Weber, c'est à une politique nationaliste qui devrait viser à l'expansion de l'Allemagne, il regrette que l'on n'ait pas mis en œuvre une politique de comptoirs ou de colonies comme l'on fait les autres États Européens pour pouvoir mieux exporter. Telle qu'elle est formulée dans ses jeunes années la politique de puissance est limitée au *Deutschtum*, elle va prendre une autre dimension lorsqu'il abordera les travaux sur la domination.

La dernière lettre qui est proposée dans cet ouvrage, datée du 14 septembre 1892 marque la fin d'un cycle de l'histoire personnelle de Max Weber, c'est la fin des années strasbourgeoises, son oncle va disparaître l'année suivante, et Ida Baumgarten va vivre entre Strasbourg et Stuttgart. Max Weber, constate lors de son passage à Stuttgart à *Ottilienhaus* où se trouvent Emily Baumgarten et sa sœur, qu'Emily ne va pas recouvrir la santé rapidement, ses progrès sont lents, et sa thérapie suit ce même rythme. S'il avait des espérances, le spectacle qui s'offre alors à lui à la Clinique pour Maladies Nerveuses les a détruites. Ainsi s'achève cet attachement de jeunesse qui a marqué ses années strasbourgeoises, il juge maintenant plus durement sa tante qui lui semble inapte à s'occuper des deux jeunes filles. C'est à sa sœur Clärschen qu'il confie son désarroi et la perte d'une personne qu'il chérissait, elle se trouve dans un autre monde. Comme l'affirmait Radkau le XIXe siècle fut celui des maladies nerveuses, c'est ainsi qu'étaient qualifiés bien des troubles relevant du mal de vivre, de sa condition sociale, des injonctions familiales contradictoires et des impératifs de la société patriarcale.

DEUXIÈME PARTIE

LETTRES DE STRASBOURG DE MAX WEBER

Traduction :
Roland Schutz,
Agrégé de l'université,
Université de Strasbourg,
Département d'Études Allemandes

*

Strasbourg, le 22 octobre 1883

Chère Mère,

Que tu sois assurée que dès à présent, je puisse avoir le sentiment d'un quelconque effet bénéfique qui serait lié à mon mode de vie actuel, voilà ce qui, pour le moment, ne rencontre chez moi qu'une incrédulité opiniâtre. En tout cas un éventuel sentiment de ce genre doit être atténué par cette autre sensation que provoquent les chevilles enflées et douloureuses que l'on sollicite quotidiennement sept heures par jour. La semaine dernière a été particulièrement désagréable pour moi, étant donné que je n'ai pas pu participer à tout, et, je redoutais de rester en arrière. À ma grande satisfaction, je ne suis pas resté seul concernant ma claudication, j'ai trouvé au contraire parmi les membres de notre corporation un si grand nombre de compagnons d'infortune, que finalement, seuls trois membres de cette dernière étaient encore totalement indemnes. Alors qu'au début, il trouvait fort drôle de me forcer à sillonner la cour de la caserne sur mes pieds boitillant, notre adjudant avec une conscience toute particulière me faisait par la suite, partir de la colonne à chaque fois. Et tandis que les autres se livraient au pas ralenti et à d'autres plaisanteries semblables, j'étais là, en spectateur à m'exercer au maniement du fusil, menant une existence assez bornée.

Le plus ennuyeux, c'était que ma tendinite ne voulait absolument pas aller mieux et qu'à présent aussi, tout laisse à désirer. Cependant, tout doit prendre fin, pourquoi n'en irait-il pas de même pour cela ? Espérons que ce changement logiquement nécessaire va bientôt voir le jour de façon concrète, car sinon, je vais tout de même prendre un retard considérable. Un magnifique temps d'automne m'écrit – tu ? Aucune trace. Ou il fait froid, ou il pleut. La cour de la caserne est pleine de flaques impressionnantes que le sous-officier nous fait traverser au pas, avec volupté. Après chaque service, l'état de ma tenue militaire est tel qu'on ne peut absolument plus distinguer aux jambes où cesse la tige de la botte, et où commence le pantalon. De par l'énergie que l'on déploie en marchant au pas pour traverser la cour de la caserne, chacun envoie à chaque pas contre le ventre du suivant, et par mauvais temps jusqu'à son nez, de grosses mottes de glaise. « Encore assez agréable », voilà par conséquent, ce que l'exercice n'est pas vraiment, mais le bon côté de la chose c'est qu'on perd difficilement son humour. À l'instant, on vient d'être mis à la torture sur un de ces instruments ingénieux, ayant appris, selon l'expression de papa à « *connaître le sort de Jésus-Christ* » ; enfin l'on est délivré, voyant le suivant endurer le même purgatoire : son corps se trouvant pressé dans les formes les plus invraisemblables par l'adjudant, le sous-officier et le caporal dans un commun effort. Alors que dans ce processus son visage s'allonge de plus en plus pour revêtir finalement une expression d'abandon, calme et pieux comme la Vierge Marie de *Treuenbrietzen* dit l'adjudant, comme si dans cette détresse il se remémorait la citation biblique, prédisant que des hommes méchants pourraient détruire son corps, mais non pas anéantir son âme[57].

---

[57] Treuenbriezen, petite ville du Brandebourg qui dispose d'une église dédiée à la Vierge Marie

Quand, parmi d'autres, on est spectateur de ce processus, en entendant les remarques un peu lourdes, mais non dépourvues de bon sens de notre sous – officier, l'on en vient à tout oublier en se mettant au diapason de la gaieté des autres. Mais je ne veux pas donner l'impression d'exagérer, c'est pourquoi je vous fais grâce d'autres descriptions de nos joies et de nos peines. D'ailleurs, Karl Mommsen ne saurait faire autorité, pour toi en ce qui concerne ces choses, il n'en sait rien. Pour ce qui est de l'aspect débonnaire et du train-train caractérisant l'armée bavaroise, les gens qui ont été en mesure de faire des comparaisons avec nous parlent d'une seule voix.[58] Pour l'instant, salue le bien cordialement pour le cas où il serait à nouveau visible. Est — il toujours membre (non — chantant) de la chorale universitaire ? Une idée digne de lui ! Mais il ne faut pas que tu lui dises cela car les chorales aussi ont la fierté de leur corporation. À présent, comme je l'ai déjà dit, en rentrant à neuf heures, je ne tarde pas, la plupart du temps à me mettre au lit ; en revanche je ne parviens pas encore à m'endormir, vu que mes yeux ne sont pas encore fatigués, et que la partie intellectuelle de l'être humain n'est absolument pas occupée. L'impression de sombrer sous l'empire de l'abrutissement le plus profond s'installe le matin, et va croissant jusqu'à la fin du service ; voilà de toute cette affaire ce qui m'est le plus désagréable. La conséquence de cette impression est une étrange fatigue qui rend hautement inconfortable le séjour hors du lit. Couché, je lis encore pendant environ deux heures, une autre occupation étant difficilement possible, puis je fais venir le dîner, et je m'endors.

Mes lectures se composent pour partie des « *Scènes de voyage* » de Heine, une lecture très utile parce qu'elle est inspirante après le service stupide, pas toujours inspirante

[58] Karl Mommsen est un camarade d'école de Max Weber

dans le sens positif du terme, parce que la plupart du temps, elle inspire surtout l'opposition, et, pour partie, ces lectures se composent du « *Journal d'un chasseur* » de Tourgueniev, c'est sa performance la plus importante dans le domaine de la poésie de la nature. Ce livre se distingue de ses autres œuvres, en ceci que la vie y apparaît, tout de même, comme une pièce confortable, même si son aménagement est en partie étrange et criard, contrairement à ce que l'on lit chez lui par ailleurs, où l'on a toujours la même impression de regarder par-dessus une plaine désolée, dans le bleu du néant, ne voyant que des nuées de moustiques sillonner l'air lourd de façon aléatoire et stupide. Tourgueniev a encore un pied dans le portail de la cathédrale romantique, et ne sait pas s'il doit revenir sur ses pas, ou mettre le pied dans la rue sale. Pour l'amour du ciel, quel tableau bricolé j'ai dressé là !

C'est là mon occupation habituelle, les dimanches sont naturellement les points lumineux de cette sombre existence de manège et d'écurie d'un cheval destiné à être débourré. Mais que seraient-ils sans l'occasion de toujours pouvoir passer l'après-midi auprès de l'une des deux agréables maisons apparentées ?[59] Le déjeuner à jour fixe en famille n'a jamais été mon idéal en soi, mais dans ce cas, où je suis traité d'une part comme un fils de la maison, et de l'autre, comme tout étudiant fréquentant régulièrement la maison, la parenté ne constitue qu'un pont qui rend possible de parler de mille choses, et ce, d'une manière qui, au même titre que les sujets eux-mêmes, serait difficilement possible autrement. La fréquentation de mes camarades incorporés pour un an comme moi, ne me conviendra sans doute qu'au cours des premières six semaines difficiles au cours desquelles, elle

[59] Les familles Baumgarten et Benecke sont apparentées aux Weber. Les professeurs Baumgarten et Benecke ont épousé les sœurs de la mère de Max Weber, Hélène Weber

se limitera à boire ensemble une bonne chope de bière et à discuter de questions de service. C'est pourquoi, sans cette autre possibilité je me retrouverais ici, en bien mauvaise posture. Dimanche, il y a huit jours, je suis allé chez les Baumgarten et y ai rencontré la famille alsacienne B., l'une des rares familles autochtones fréquentant leur maison et se composant de la mère, de la fille et du fils. Au grand étonnement d'Emmy, la fille qui passe pour être belle, et se trouve être pour le moins jolie, a été très aimable à mon égard, ce qui, dit-on par ailleurs, n'est pas dans son habitude à l'égard des jeunes gens. Nous en arrivâmes aux conflits les plus animés, notamment à propos de la condition estudiantine, un sujet que les jeunes filles ici, semblent aimer. Elle se montra très prompte dans la repartie, et sensée, et les auditeurs s'amusèrent manifestement de façon royale de ces chamailleries qui semblaient aussi faire plaisir à la jeune dame, car elle finit par se laisser convaincre de chanter, ce qui dit-on, n'arrivait pas habituellement. Toujours est-il que j'ai passé un après-midi agréable. Ce que je trouve à redire de la conception de la vie des Baumgarten ? Rien à redire assurément, bien qu'elle ne soit pas bien compatible avec certaines conceptions qui pour le moment, ne posent vraiment aucun doute à mes yeux. Je me suis contenté de dire, que pour moi, elle semble pouvoir risquer éventuellement de mener à certaines excentricités pouvant facilement altérer le bonheur de la vie de ceux qui sont concernés - sans que ce soit nécessairement le cas. Que ce soit le cas pour Otto par exemple, tu ne le nieras certainement pas. Au vu des conceptions ayant cours dans la maison, il ne pouvait pas agir autrement, il lui fallait certainement aussi ressentir cette inclination, mais par là, il n'a pas fait entrer dans la maison le sentiment du bonheur, voilà ce que pense peut-être chacun, et éventuellement lui-même aussi. « Dans quelle mesure ses proches ont le droit d'adopter une attitude critique à l'égard de cette inclination ? » Je n'affirmerais pas qu'il s'agit d'un droit. Bien au contraire, mais j'ai constaté cependant qu'ils le font. Il suffit de prêter une attention un peu plus rigoureuse aux paroles de tante Henriette, des Benecke, des Bonge ou même des Jolly lorsqu'il est question du mariage d'Otto pour être convaincu de ce fait. Tu connais bien aussi l'avis de papa sur cette question. Il me faudrait mentir si je voulais soutenir la vérité inverse, mais je crois que suivant l'esprit de la maison, les évènements ne pouvaient pas prendre un autre tour, et c'est pourquoi, je crois que cet esprit porte aussi en lui ses dangers, et présente par conséquent ses points faibles, comme toute autre conception de la vie qui *semble* peut-être moins profonde et moins fermée à sa propre remise en question, mais qui pour cette raison – même, n'entraîne pas dans son sillage ces dangers particuliers. Un trait caractéristique essentiel de cette conception est qu'elle se détourne de la réalité et méprise les égards que l'on a pour elle. Il me semble qu'Otto par exemple n'utilise pas les nombreuses expériences qu'il a vécues, et continue de vivre pour introduire d'éventuels changements à ses conceptions théoriques, mais les intègre plutôt à ces dernières autant que faire se peut, et ce dans la mesure où il ne les utilise pas simplement, pour y trouver quelque nouvelle matière à sa prédilection pour le pessimisme.

J'irai jusqu'à affirmer que lui-même et les Baumgarten en général ne traitent et ne considèrent pas les humains *comme ils sont, mais comme ils devraient être* selon une conception très rigoriste, ou alors, dans d'autres cas, comme il semblerait qu'il fallût les considérer suivant des déductions logiques. Sur ces entrefaites, je vois que je m'égare dans des définitions théoriques, et je préfère revenir sur cela une autre fois quand l'occasion se présentera. De plus, une trop longue discussion pourrait te donner l'impression que j'ai l'intention de me livrer à la critique, alors que je voulais seulement protester contre cette manière que tu avais, dans ta première lettre, de placer la conception de la vie des Baumgarten si absolument au-dessus de celle régnant dans notre maison. Je voulais simplement constater que selon mon avis actuel, la conception des Baumgarten mène facilement à une extraordinaire partialité dans leur jugement porté sur d'autres conceptions, et d'autres gens, et à des conflits qui sans cela auraient pu être évités. Moi-même, je me sens à l'aise, et comme chez moi dans la maison des Baumgarten, et comme je l'ai déjà dit, je suis convaincu que j'en retirerai vraiment beaucoup.

*

Strasbourg, le 21 décembre 1883

Cher Père,

Ces derniers huit jours extraordinairement fatigants ne m'ont pas permis de vous redonner plus tôt quelques nouvelles de l'existence triste que je mène ici, des nouvelles qui en vaillent la peine. En effet, dimanche, il y a huit jours alors que j'en aurais volontiers profité pour écrire, je fus mis de garde (à la Citadelle) par la bonté de mon adjudant avec lequel, nous autres, les *Einjährige*, avons d'assez mauvaises relations, et de surcroît, c'était vraiment l'une des pires gardes : j'avais alors la joie de garder deux hangars - poudrières isolées, à l'extérieur, sur le glacis et ce, le soir de cinq à sept, de onze à une heure, et le matin de cinq à sept, puis de onze à une heure. [60]Ce plaisir dominical fut modéré car la nuit était glaciale et depuis quelques jours il y avait de la neige ; en outre, c'était extrêmement ennuyeux car en dehors de ma relève, je n'ai vu personne de tout ce temps, si ce n'est qu'une fois dans l'obscurité j'ai interpellé ma propre guérite située en plein champ par ces mots : « *Halte Là qui va là !* » Pas même le fantôme d'une sentinelle tuée là par

---

[60] La Citadelle se trouve actuellement dans le quartier de l'Esplanade à Strasbourg

balle ne voulut se montrer. Le séjour dans la salle de garde se trouve être aussi peu poétique ; c'est là que se forme un air horrible, où la vermine en masse, à demie affamée, se précipite en rangs serrés sur tout ce qui n'est pas hors d'atteinte. De surcroît, chaque veille est aussi une affaire démesurément onéreuse et qui revient bien plus cher à un sursitaire volontaire que le duel le plus malheureux à un étudiant, parce qu'il va sans dire que c'est le droit le plus inaliénable de la troupe de manger et boire à satiété aux frais du sursitaire volontaire sans autre forme de procès, sans compter les nombreuses visites d'amitié que l'on reçoit. Toujours est-il que cette affaire comporte des zones d'ombre et vous laisse en outre totalement exténué pour un jour et demi. À peine étions-nous à nouveau remis que débutait une période d'exercices sur le terrain qui servait à bien connaître, à fond, les environs de Strasbourg, mais qui ne constituait pas vraiment une grande récréation.

Cependant, ce genre de choses où l'on sillonne du moins les grands espaces, fut-ce avec son havresac, sa gamelle, son manteau et sa panetière est plus supportable que la stupide garde. Par moments, on s'amuse assez bien aussi, en particulier lors des marches militaires quand tous ces chants militaires, de nature patriotique pour la plupart, sont entonnés dans lesquels « *Deutscher Rhein* » rime avec « *Branntewein* » d'autant plus que ces gens ont la plupart du temps une bonne voix et chantent très bien en canon.[61] Mais, avec le temps de chien qu'il fait ici, il est tout de même peu édifiant de perpétrer à plusieurs reprises des attaques sur de vastes chaumes, ce qui fait gonfler vos jambes les transformant jusque par-dessus le genou en une motte informe, et vous permet par la suite d'enlever à peine cette saleté d'une consistance argileuse à l'aide de grands bâtons ce qui rend la marche considérablement plus difficile au retour. Il est tout aussi peu édifiant d'être

[61] Rhin allemand et eau de vie

couché, une éternité durant sur le ventre, à couvert derrière la route, dans le fossé rempli d'eau, position dans laquelle quand l'ennemi paraît et que la première salve est tirée, ceux qui sont placés à l'arrière font régulièrement feu dans l'oreille de ceux de devant, bref, la semaine dernière et la première moitié de cette semaine ont été chargées en matière de service. En dehors de cela, le service n'est pas toujours très rigoureux ni fatigant, mais il prend un temps extraordinaire vu que nous devons prendre part en tant que spectateur à toutes sortes de choses tout à fait inutiles pour nous, telles que l'appel, le nettoyage des fusils, le commandement du travail et la garde etc…

Tout comme avant, oncle Baumgarten est assez amer, et ce, pour différentes raisons vraiment très fondées. La splendide allée de vieux platanes qui s'étire entre le terrain des Baumgarten et l'Orangerie, c'est, ce qu'il y a de plus beau dans toute l'Orangerie, c'est le plus beau joyau de Strasbourg. Que l'on s'imagine que la coterie à laquelle l'administration de la ville a confié la tâche, non pas de l'abattre, mais de l'étêter, c'est-à-dire de les couper net, si bien que les troncs totalement dépourvus de branches s'élèvent dans l'air, et, à un tiers de leur hauteur là où bifurquent les premières branches, toutes de la même hauteur, telle une rangée de potences d'une grosseur colossale et auxquelles on devrait simplement pendre toute cette bande pour avoir une impression harmonieuse. S'ajoutent encore les circonstances politiques d'ici qu'il faille vraiment qualifier d'inouïes, quand, sans grande protestation, même l'indépendance des tribunaux est tout simplement contestée. D'ailleurs, divers signes semblent indiquer la chute de Manteuffel[62] qui à présent se trouve

[62] Edwin von Manteuffel devient Statthalter du Reichsland d'Alsace- Lorraine en 1879. Il a des pouvoirs plus étendus que son prédécesseur, il cherche à appliquer une politique totalement différente en prenant appui sur les élites et le clergé catholique en plein Kulturkampf allemand. Il s'aliène de la sorte les protestants alsaciens et allemands et les libéraux. Il meurt en 1885.

attaqué même par la *Kreuzzeitung* et par la « *Post* ».[63]Bismarck semble enfin avoir réussi à étouffer la sympathie de l'empereur à l'égard de Manteuffel qui lui est désagréable. Hormis un cercle bien précis, Manteuffel a contre lui ici, non seulement tous les fonctionnaires, mais aussi le corps des officiers, et ce à cause de son mode de gouvernement totalement personnel. Mais il faut bien dire que l'on trouve aussi les plaisanteries les plus incroyables. Tout cela ne contribue pas, naturellement à égayer l'humeur de mon oncle et je crois que cela lui fait beaucoup de bien de s'épancher à fond de temps en temps. Au séminaire de mon oncle auquel j'assiste régulièrement et pour lequel je travaille autant que possible, nous nous occupons d'une façon très intéressante de la lecture comparée de deux auteurs italiens sur la réforme en Italie : Paulus Jobius et Guicciardini. Ce trimestre, le cours de Sohm est situé de façon très défavorable ; au semestre prochain, là où les *Einjährige* seront dispensés de service à cette heure (pour le nettoyage du fusil), je vais sans doute pouvoir y aller assez régulièrement. Il est d'un physique assez particulier : maigre se tenant très mal, des cheveux blonds légèrement bouclés et assez longs, et ce visage imberbe et intéressant, ayant en fait l'air assez jeune, avec ses grands yeux bleus et clairs à l'aspect décidément phtisique, qui lorsque pour mieux entendre (il est dur d'oreille) il les approche jusqu'à quelques centimètres de votre visage, produisent un effet inquiétant. Il est, ce qui se remarque immédiatement à sa voix et à son dialecte, originaire du Mecklembourg ; mais ce n'est pas sa voix en tout cas, qui souvent, mais pas toujours, produit un effet aussi extraordinaire. Aussi longtemps que l'on ne l'entend pas parler ; tout son physique produit l'effet d'avoir devant soi un apôtre religieux, et, par la suite parfois d'un fanatique occupé à quelques idées totalement partiales. Je

---

[63] Journaux allemands

ne saurais rien dire de son cours pour le moment avant de l'avoir suivi plus longuement.

Tout comme auparavant, je suis souvent chez les Baumgarten, en général tous les dimanches après-midi, et, de temps en temps, une autre fois au cours de la semaine, et toujours, je suis aimablement reçu. Chez les Benecke aussi, je me rends en moyenne une fois par semaine.

*

Strasbourg, le 5 janvier 1884

Cher Père,

En tout cas, vous aurez trouvé un peu fort que je n'ai ni remercié pour les splendeurs que le *Christkindel* m'a apportées, ni donné de mes nouvelles pour le premier de l'an, et vous serez certainement étonnés si j'ajoute que je n'ai jusque-là ni jeté un regard sur l'un des livres, et que je n'aie ni déménagé, bien que j'aie trouvé, depuis longtemps, un nouvel appartement.[64] Cela ne peut d'ailleurs se comprendre que si l'on a percé à jour toutes les perfidies de la vie militaire comme j'en ai eu l'occasion depuis une semaine et demie. Après que, dans les derniers temps avant Noël, nous avons été traités de façon somme toute assez supportable, et que pour finir nous n'avions rien fait du tout durant quelques jours : au troisième jour de fête une période d'exercices à outrance s'est déclarée, telle que nous n'en avions pas connu jusque-là, depuis notre arrivée en tant que jeunes recrues. Des exercices de service en campagne à différentes distances de Strasbourg, du tir intensif, ce qui compte tenu de l'éloignement de notre champ de tir prend à chaque fois

[64] Christkindel : enfant Jésus, tradition alsacienne de Noël

de cinq à six heures, et en outre plusieurs heures de service dans l'après-midi.[65]

Le dimanche après la fête on nous a traînés à l'église, l'après-midi, je suis allé chez les Benecke que je n'avais pas encore remerciés pour l'accueil qu'ils m'avaient fait la veille de Noël. Au début de la nouvelle semaine je fus envoyé de garde précipitamment, à la toute dernière heure, pour le soir de la Saint Sylvestre, alors que j'avais été invité par les Benecke. Par là, mon adjudant, avec lequel mes relations sont tendues, a atteint un double but : me gâcher le soir de la Saint Sylvestre, ainsi que le premier jour de la nouvelle année, et me mettre la semaine entière durant dans un état d'épuisement me rendant incapable de tout, sauf de dormir. Jusqu'à présent, et à mon grand étonnement, je n'ai (en fait) pas pu dormir sur les couchettes de la salle de garde ; l'explication en est la suivante : dès que je suis endormi et que je me tourne du côté droit ou du côté gauche, l'une de mes deux balafres placées là de manière très adéquate, s'empresse de me réveiller au plus vite, ne pouvant s'accommoder des arêtes dures de cette couchette.[66]Puis, depuis le Nouvel an, je ne suis, somme toute rentré à la maison que le soir pour dormir — le reste de la journée, excepté la pause un peu plus longue à midi, je l'ai passé à la caserne —, si bien qu'à présent, je suis à peu près aussi fatigué qu'au Nouvel an. Vous trouverez assez compréhensible qu'en rentrant le soir, je n'étais pas vraiment en mesure d'écrire une lettre qui se devait d'être raisonnable, par conséquent ce n'est qu'à présent que j'ai le loisir de vous souhaiter une nouvelle année fort heureuse, et à moi-même d'heureuses retrouvailles au cours de cette même année. Dans la nuit de la Saint Sylvestre, à minuit, j'étais précisément de

---

[65] L'un des champs de tir se trouve au Polygone, Strasbourg - Neudorf

[66] Il fait référence aux cicatrices depuis ses combats en duel lorsqu'il était étudiant.

faction sur l'esplanade déserte, en me disant qu'à présent vous deviez être arrivés assez loin dans le recueil de Hebbel, mais en pensant plus encore au punch probablement consommé pour l'accompagner qui me servait à me réchauffer, au même titre que les moufles que maman le faisaient, en réalité.[67] J'ai passé la veille de Noël chez les Benecke, cela vous le savez déjà, et vous pensez bien que je me sentais tout à fait comme au pays. Dans ces pièces somptueuses et grâce au soin et au goût avec lequel mon oncle avait tout arrangé, la fête était vraiment d'une grande beauté. Les Baumgarten ne vinrent que plus tard, naturellement, je n'étais pas chez eux, mais chez les Benecke, parce que leur fête de Noël, comme cela s'entend, était une fête toute en recueillement dont le vrai sens aurait été perturbé par la présence de quiconque ne faisant pas partie de la famille, dans le sens le plus restrictif du terme. Puis, le deuxième jour de Noël, je suis allé chez eux ; au moins me suis-je permis le plaisir d'offrir à tante Ida les poèmes en prose de Tourgueniev qui avaient extraordinairement plu à maman et à tout le monde jusqu'à présent, aux cousines Baumgarten, la ravissante : « Scènes de la vie d'un propre à rien » d'Eichendorff,[68] et à Dora : « La Futaie » de Stifter. Fritz Baumgarten était ici durant les vacances de Noël. Il était bien épuisé par tout ce qu'il avait eu à subir au dernier trimestre ; à part cela, cependant, il allait bien. Il est toujours d'apparence aussi juvénile qu'il y a des années ; par les échanges animés avec ses élèves et le vif intérêt qu'il leur porte, il aurait plutôt encore rajeuni, et il trouve manifestement le plus grand plaisir à l'exercice de sa profession. Il est bien difficile de concevoir quel travail il

---

[67] Il doit faire allusion à l'ouvrage de Johann Peter Hebel : « Das Schatzkästlein des Rheinisches Hausfreundes », mais il écrit Hebbel au lieu de Hebel

[68] Œuvre bien connue de Joseph von Eichendorff

a dû mener au cours de ce dernier trimestre, et ce que signifiait sa présence constante à Waldkirch.[69] Otto n'a été présent que deux jours durant. Après la fête, je l'ai revu aussi et j'ai eu la possibilité de parler longuement avec lui de bien des choses. Naturellement, physiquement il n'est pas brillant, mais il est doté de bien plus d'énergie que l'on ne pourrait s'y attendre, et le travail incessant lui fait un bien tout à fait manifeste. Il vit à Waldkirch de nombreuses expériences très intéressantes, en particulier dans le domaine de tout ce qui a trait à l'école primaire dont il s'occupe d'une façon approfondie, et aussi dans ses rapports avec les représentants locaux de l'Église catholique, qui semblent en partie être des gens très gentils, modérés et raisonnables. D'ailleurs la même église sert aux catholiques et aux protestants bien que ces derniers constituent une très faible minorité. J'ai lu quelques-uns de ses sermons qui sont beaucoup moins spéculatifs, et bien plus orientés vers la pratique que jadis, seul son style est un peu lourd, ce qui apparaît aussi dans son sermon d'ordination. Quant à moi je continue de vivre comme auparavant et m'en trouve passablement bien. Effrayé d'abord, puis le regardant d'un bon œil, j'ai remarqué avec quelle rapidité je maigrissais à nouveau ; mes camarades *Einjährige* me comptent à présent au nombre des « bien proportionnés » tandis qu'autrefois ils me comptaient au nombre des « gros » et même le commandant avait déclaré pouvoir se passer de matelasser mon uniforme de parade. Pour ce qui est de mes fréquentations, elles se limitent à un certain nombre de *Einjährige* parmi lesquels se trouvent des gens fort sympathiques avec lesquels le soir, je prends assez souvent une bonne bière dans un café du voisinage ; en dehors de cela, pour le moment, je ressens moins que

[69] Waldkirch : petite ville du pays de Bade à seize kilomètres de Freiburg im Brisgau

jamais (ce qui ne saurait être étonnant) le besoin de cultiver davantage quelque fréquentation que ce soit. Dieu merci, un quart de ma vie militaire s'est bien passé et je m'y suis moyennement bien fait, et initié, pour ce qui est de celui qui commande ma compagnie, je suis bien tombé, cependant l'avancement dans cette dernière, passe pour y être particulièrement défavorable, en revanche on y est traité correctement ; je supporte assez bien les efforts. Simplement, je me sens particulièrement marqué par le service de ces dernières semaines, notamment pour ce qui est de la faculté de penser ; un service sévère qui se prolonge vous rend bizarrement obtus, et, ce qui est le pire, c'est que vous le ressentez.

*

Strasbourg, le 19 janvier 1884

Chère mère,

Bien que je sois encore un peu fatigué par la semaine subie ces derniers jours, je vais tout de même vous faire parvenir quelques lignes au sujet de ma santé pour améliorer quelque peu ma réputation gravement entamée en matière de zèle épistolaire. Les reproches que tu m'as faits dans ta dernière lettre sont assez justifiés en soi, je crois cependant que leur gravité se trouve fondamentalement modifiée si l'on sait dans quels étranges états physiques et mentaux la vie militaire peut vous plonger, des états que je n'ai jamais connus sous cette forme auparavant. Je ne dirai même pas que l'effort physique est seul en cause ici, bien sûr pour nous autres les *Einjährige*, celui-ci est parfois excessivement grand, d'autant que l'on nous entraîne moins longtemps, et moins minutieusement que les soldats qui sont déjà, souvent, plus aptes aux performances ; en outre nous sommes en retard de deux ans sur ceux du service de trois ans, et nous ne sommes pas encore capables, comme eux, d'esquiver bien des désagréments. Mais bien plus désagréable encore, se trouve être ce temps qu'il faut tuer sans fin au service militaire, et la répétition, non pas des milliers, mais des millions de fois, de ces nombreux artifices purement mécaniques censés être un remède infaillible au mal de cheveux, mais qui en l'absence de ce dernier l'engendre, ou plutôt un état bien pire en faisant simplement disparaître toute faculté de penser.

Après une matinée d'exercices de service en campagne d'une durée de 5-6 heures où l'on porte le sac, manteau et gamelle, je me suis toujours couché l'après-midi, et je me retrouvais certes physiquement rompu, mais j'étais néanmoins capable de lire avec plaisir, le soir, Buckle, Gibbon ou Biedermann. Mais si trois heures le matin, et deux heures l'après-midi sont passées au maniement des armes et à des exercices de marches, ce qui à présent constitue le service régulier, et si en outre ce qui est aussi la règle, il y a encore eu l'appel, le nettoyage des fusils, l'instruction et toutes sortes de choses semblables, d'un superflu proprement révoltant, alors j'ai beau ne pas être excessivement fatigué physiquement, je suis tout simplement incapable de performances intellectuelles. Toute trace d'énergie intellectuelle a disparu. Pour tout l'or du monde, je ne serais pas capable de me résoudre ni à écrire une lettre, ni à tenter de travailler, mais, je suis assis dans mon fauteuil, fumant un cigare après l'autre en ne pensant à rien, il m'est arrivé en étant assis de la sorte pendant un bref moment de constater sur la montre que j'avais passé ainsi trois heures entières sans aucune pensée. J'ai lu récemment, un soir, près de soixante à soixante-dix pages du livre de Dilthey, et ce lentement, et à mon avis consciencieusement (le contenu en est purement historique et ne présente pas de difficulté), quand j'ai terminé ma lecture, je n'avais plus, un quart d'heure plus tard, la moindre idée de ce qui s'y trouvait. C'est qu'on se trouve dans un état qu'on ne pourrait mieux qualifier que par le terme, inventé par notre époque : d'obtus - ce qui en est très caractéristique pour elle. Un certain flegme singulier dont je sens qu'il va croissant chez moi, m'empêche de me fâcher sérieusement à propos de cet état, ce qui serait peut-être un bon moyen de pouvoir y remédier. Qu'une lettre sensée ne puisse pas voir le jour dans un tel état, voilà qui est en tout cas bien compréhensible, et même aujourd'hui, bien que je n'aie participé à l'exercice que fort brièvement, je renonce à une représentation de ma vie d'ici, et ce à quoi je me suis occupé pendant les « vacances » de Noël s'il convient de nommer cela ainsi, et je me limite à des choses purement extérieures. Je supporte assez bien à présent les efforts physiques de la vie militaire, c'est-à-dire bien mieux relativement que la plupart de mes camarades étudiants, et n'étais cet horrible état obtus, et le temps tué à un degré inquiétant, je pourrais être relativement satisfait pour le moment. Toujours est-il que la perte de temps colossale de l'individu est hors de proportion avec ce que ce dernier apprend à cette occasion, et avec le profit qu'en tire l'État ou le régiment. Faire participer les sursitaires à toutes sortes de choses totalement inutiles pour eux qui ne les amènent à rien faire d'autre que d'être là debout, à regarder oisifs, voilà ce que l'on appelle ici l'éducation militaire, cela doit faire apprendre la patience — comme si, Mon Dieu après un trimestre de maniement des armes se prolongeant quotidiennement pendant des heures, et après avoir été obligé de tolérer que de misérables canailles vous disent d'innombrables effronteries, vous pouviez encore être soupçonné de souffrir d'un manque de patience ! En fait, il s'agit par principe d'enlever aux sursitaires la possibilité de s'occuper l'esprit, ce dont les militaires se trouveraient mieux, dit-on. J'avoue, en fait que j'ai pu moi aussi remarquer que lorsque j'avais abouti dans les profondeurs les plus obscures de l'abrutissement, et que même au microscope il m'aurait été impossible de repérer la trace d'une pensée dans mon cerveau, c'est là que je produisais les plus beaux maniements d'armes et que je tirais le mieux. Alors que par ailleurs mon sous – officier me disait souvent : « quand on vous dit de tirer à droite, vous tirez à gauche ! » (C'est exactement comme lors de la construction de la tour de Babel où lorsque les maçons réclamaient à cor et à cri du mortier, cette bande apportait au lieu du mortier, des pierres, à la suite de quoi, cette « garce » n'a bien sûr pu être terminée). Sans cela vous n'auriez pas besoin de vous exercer ici, vous pourriez vous propulser directement dans la case du ciel, mais comme cela avec vos tentatives de visée, vous pourriez attendre longtemps avant de trouver la bonne porte menant au ciel. Bref, au total, je ne saurais affirmer que le beau côté de la vie militaire m'ait déjà été révélé, comme tu me l'avais prédit. Ma vie est réglée comme une horloge et j'ai déjà décrit son déroulement. Mes relations sont encore du même genre qu'autrefois, j'ai trouvé parmi les sursitaires des gens fort aimables qui, malheureusement, partiront à Pâques pour la plupart. Les ordonnances coûtent vingt marks par mois, une garde coûte au minimum aussi vingt marks par mois. S'ajoute à cela, qu'il faut naturellement conserver les bonnes grâces des simples soldats par un traitement approprié, car ils sont susceptibles de vous causer toutes sortes d'embêtements et à bien des égards vous dépendez d'eux. C'est ainsi que s'amoncelle à des fins militaires, une dépense d'environ soixante à quatre-vingts marks sans même compter les extras pour les bottes militaires très chères qui, au rythme de notre actuelle quantité d'exercices ne tiennent pas malgré leur solidité etc… S'ajoute à cela que de façon générale, le coût de la vie ici ne saurait absolument pas être qualifié de bas, mais bien plutôt de fort élevé. Jamais, je n'ai encore trouvé de plat du jour à midi en dessous d'un mark cinquante et avec cela le vin est obligatoire partout ; de plus un soldat mange un tiers de plus qu'un être humain. C'est ainsi qu'en règle générale, j'en ai bien fini avec mon argent, bien plus vite qu'aux temps les plus animés de Heidelberg. Comment tant de gens peuvent-ils supporter ces dépenses, voilà qui me paraît encore obscur, d'ailleurs, on a déjà fait d'un certain nombre de *Einjährige* des sursitaires d'État, c'est-à-dire qu'on les a transférés à la caserne, et mis au compte de l'État. Bien sûr, je parviens très peu à travailler. Çà et là seulement, il m'arrive de me rendre à la bibliothèque de l'Institut. Le séminaire de mon oncle continue comme auparavant d'être très intéressant pour moi, nous nous consacrons, comme auparavant à la critique d'historiens français, espagnols, mais surtout italiens qui datent de l'époque de la Réforme et qui l'étudient. D'ailleurs, pour que je ne l'oublie pas, mon oncle souhaite qu'on lui indique instamment quel comportement adopter à l'égard du couronnement prévu par l'Académie le 24 janvier du livre de Treischke ; chez les Baumgarten tout va bien à présent. Quand j'y suis allé dimanche dernier, nous avons lu Hamlet ensemble ; de plus mon oncle tient toujours prête quelque intéressante découverte littéraire, ainsi la dernière fois, c'était une œuvre flambant neuve, mais déjà controversée : *La société de Berlin* d'un auteur à pseudonyme se nommant Vasili. Cette œuvre immédiatement décriée, tout à fait à tort par la presse, comme un simple pamphlet, comporte au contraire sous une forme, il faut bien le dire, méchante par endroits, puis en revanche très objective et posée, avec une abondance de jugements les plus intéressants sur toutes les personnalités de Berlin descendant de l'Empereur et des Princes, jusqu'à Wilhelm Busch, ce sont là des jugements qui sont en partie d'une justesse frappante. J'écrirai là-dessus une autre fois. Je n'aurais pas pensé qu'un Français pût être capable d'évoquer des sujets allemands avec une telle facilité et de manière si posée, souvent très élogieuse.

*

Strasbourg, le 6 février 1884

Chère mère,

Revenu de l'exercice à l'instant, je trouve ta chère lettre et par conséquent je préfère commencer une nouvelle missive plutôt que de continuer avec celle commencée il y a déjà huit jours, et parvenue depuis, par paragraphes successifs, à la page trois. Dieu merci, mis à part le séminaire de mon oncle, j'ai aujourd'hui devant moi une journée libre et c'est pourquoi, il y a des chances que cette fois-ci je finisse celle-ci. La dernière semaine et demie a été extraordinairement riche en exercices de service en campagne, rien qu'à la simple pensée de plusieurs exercices de service de cinq à six heures, certains à des lieues de Strasbourg, je me sens de nouveau totalement assailli par la fatigue et rompu. Un tel exercice de campagne est assurément assez agréable et même gentillet, à la longue, c'est une affaire qui en sa qualité d'avant-goût des manœuvres et de la guerre fait appel, dans une certaine mesure tout à fait remarquable, à toutes les qualités du soldat. Il se déroule approximativement de la manière suivante : le matin, par une obscurité presque totale, on se présente à l'appel avec son casque, son sac, sa gamelle, sa musette et son manteau et l'on se met en marche. Au début tout se passe assez bien, on est déjà habitué au casque qui se fait remarquer de façon désagréable au cours de la première semaine, il en va de même des très lourdes bottes militaires — qu'au lieu du casque l'on porte habituellement la casquette, et au lieu des bottes militaires, des bottes habituelles, et voilà qu'on a toujours, du moins en ce qui me concerne, l'impression d'aller tête nue et en chaussettes ; de même, au début, le sac encore vide pour commencer est à peine perceptible. Mais à la longue, c'est le manteau qui entourant en rouleau serré la poitrine, et le sac commence à se faire sentir de manière désagréable, et, pour peu que l'on ait un peu de coffre, passe directement sous l'aisselle droite rendant fort difficile la respiration, ainsi que le port du fusil sur l'épaule gauche ; puis commencent à se faire remarquer les deux cartouchières bourrées de cartouches à blanc qui serrent à chaque pas fortement la région de l'aine. Finalement, en marchant des heures durant, on ressent bien à la longue, la pression de l'arrête inférieure du sac contre la région lombaire comme une gêne très désagréable, s'y ajoutent encore des plaisirs de loisir hors normes très particuliers : ainsi par exemple, quand lors de l'exercice de service en campagne, le sous-lieutenant de notre propre compagnie est présent, ainsi qu'un lieutenant d'une autre compagnie chargé du commandement, quand les deux lieutenants ne peuvent pas particulièrement se sentir, le lieutenant monte à cheval à droite, le sous-lieutenant à gauche, et alors on entend fuser de gauche

- *Vous le Einjährige à l'aile, allongez le pas ; puis de droite,*
- *Vous le Einjärihge ne fuyez pas comme cela en avant, à ce compte même mon cheval n'arrive pas à suivre.*
- *Vous, le Einjährige, Mille Tonnerres, votre nez racle vraiment la boue. De droite :*

- *Sursitaire Weber, comment tenez – vous votre tête, Mille Tonnerres ! Auriez – vous l'intention de vous faire dessécher le nez par le soleil ? De gauche :*
- *Vous le Einjährige, votre baïonnette pend de nouveau à l'avant sur votre nombril : Le diable devrait vous emporter au détail, remettez-la à l'arrière. De droite :*
- *Sacré beefsteak de rat, vous le Einjährige, votre baïonnette pend derrière vous comme la queue d'un éléphant blanc, etc, etc...*

Et cela continue ainsi et ces messieurs règlent leurs différends de cette manière. Dans les premiers temps, du moins c'est ce qui nous est arrivé à plusieurs reprises, à présent on nous traite quand même de façon à peu près correcte. Toujours est-il que l'on est tout joyeux quand on a franchi le portail, on marche au pas de route, c'est-à-dire en prenant nos aises, c'est alors que, le ventre vide, sans avoir pris le petit-déjeuner, nous faisons peu à peu surgir nos aliments. Dans la musette nous conservons des tranches de pain garnies, dans le sac à riz, la bouteille d'eau-de-vie, dans les cartouchières si tant est qu'il y reste de la place, des cigares, bien sûr les fantassins réclament aussi leur part, et sont de plus en plus actifs ; ce sont en majorité des gens de la région d'Erfurt et de Schwarzburg, et en outre, beaucoup de Polonais auxquels, pour une bonne partie d'entre eux, les sous – officiers cherchent à inculquer la langue allemande par la schlague. Puis, après quelque temps on entonne l'un de ces chants militaires spécifiques dans lesquels *Deustcher Rhein* rime toujours avec *Branntewein* et *Vaterland* avec *Schnaps zur Hand*, enfin on est arrivé.[70]Après que la position de l'ennemi a été constatée par quelques patrouilles, commence alors

[70] Deutscher Rhein : le Rhin allemand, Branntewein : eau de vie, Vaterland : la patrie, et Schnaps zur Hand : eau de vie à portée de main

l'avancée, et, après s'être rapprochée jusqu'à un certain point, toute la colonne se déploie en ce que l'on appelle : le déploiement en tirailleurs, en groupe dispersé. C'est alors, qu'intervient une avancée à vive allure jusqu'à ce que retentisse le commandement : - « A terre », ce sur quoi, vlan ! On se jette à plat ventre dans la boue la plus épaisse, tous bagages compris. C'est alors, le début du tir des cartouches à blanc jusqu'à épuisement du stock, et l'on a toujours plaisir à penser que l'Empire allemand doit tout de même, encore avoir beaucoup d'argent de reste, pour de telles plaisanteries onéreuses. Puis, c'est à nouveau une avancée d'un bout de chemin dans la course la plus rapide, pour se rejeter de nouveau à terre, naturellement dans une flaque, dans un tas d'immondices ou quelque chose d'innommable et de malpropre, et, à la pétarade de recommencer.

Une attaque de cavalerie ennemie est brillamment repoussée, une salve monstre est tirée :- En joue ! Feu ! - Pan ! Au même moment vous êtes sourd des deux oreilles ; car les voisins, ceux de derrière, quelques recrues bêtes, vous ont posé la bouche du canon de fusil précisément sur l'épaule. À présent, les sous-lieutenants peuvent bien commander — leurs commandements ne sont plus audibles et s'apparentent à de lointains gémissements de chiens inarticulés. Puis, après avoir trotté un certain temps, s'être roulé alternativement dans la saleté, on s'est enfin suffisamment approché pour se mettre en formation d'attaque, baïonnette au canon, couvert par le feu, au rythme du tambour : Boum, Boum, Tarataboum ! L'avancée se fait d'abord lentement, puis de plus en plus vite. Finalement, le fusil baissé toute la horde se précipite sur l'ennemi dans des hurlements bestiaux devant signifier : « Hourra ! » Et ce faisant, on se trouve bien sûr régulièrement ou renversé, la main écrasée par un pied, ou le crâne frappé par un canon, ou piqué à l'arrière du genou par la baïonnette du voisin de derrière. Et pendant tout ce temps les officiers concernés suivent à cheval, donnant, ivres de rage, mille ordres qui naturellement ne sont absolument pas compris et qui finissent par dégénérer en d'horribles barrissements éléphantesques. Il en résulte naturellement que l'attaque est repoussée et que l'on recommence à se livrer à toute cette plaisanterie depuis le début. Après plusieurs heures d'un tel plaisir on entame la marche de retour, totalement sourd des deux oreilles, un œil au beurre noir, le crâne bourdonnant, résonnant, et à moitié fracassé, des ampoules aux pieds, les mains écorchées à vif, des bosses sur tout le corps, et à moitié écrasé, baigné de sueur et de l'eau des flaques, et, si l'on était chanceux, de purin, les parties isolées de l'uniforme à peine discernables à force de saleté, et des jambes s'élargissant vers le bas comme celles d'un hippopotame pour finir en une motte de glaise tenace. Après avoir enlevé le plus gros à l'aide d'un bâton, on est ramené en ville dans cet état et exhibé aux yeux des habitants et des habitantes de Strasbourg.

Samedi midi

À peine avais-je terminé cette belle description qu'un vieil ami de Heidelberg, de passage ici, m'a rendu visite, restant jusqu'à ce que je doive aller en cours. Et par la suite, j'étais avec lui aussi. Avant-hier et hier, il n'était pas question d'écrire ; toute la journée, ce fut l'entraînement au pas de l'oie au Polygone à raison de plusieurs heures le matin et l'après-midi et jusqu'à l'obscurité : l'une des inventions les plus lamentables qui en impose passablement aux spectateurs bien sûr, mais par la suite, la marche du retour vous donne un avant-goût de l'amputation… J'ai bien reçu l'argent et vous en remercie beaucoup, il faut bien dire que depuis quelques jours j'étais à la limite. Ce service militaire est assurément une affaire des plus onéreuses, que diable ! L'uniforme de sortie qu'il faut mettre à chaque fois que l'on se rend au centre-ville est fort fragile, le rouge des revers est endommagé à la moindre tache, et devient alors tout à fait disgracieux, il doit être regarni une fois par mois, ce qui coûte dix-sept marks à chaque fois. Le drap aussi s'abîme vite, et pour Pâques, je vais avoir pour le moins, besoin d'une nouvelle tunique d'uniforme. Il en va de même du manteau, qui réclame d'être traité avec soin, les revers, les passements et les boutons doivent être souvent renouvelés. S'ajoutent à cela les gants que l'on utilise en quantité incroyable.

*

Strasbourg, le 23 février 1884

Cher Père,

Cela fait de nouveau assez longtemps que je n'ai pas donné de mes nouvelles et aujourd'hui, je tiens pour le moins à écrire un début, même si revenu de garde cet après-midi fort fatigué, je ne vais pas arriver bien loin avant de m'endormir. Il m'est fort agréable que ce soit dimanche demain, et que je vais pouvoir dormir tout mon saoul, car autrement si les jours suivants on doit participer aux exercices à une heure très matinale, et que les jours précédents on a déjà assuré son service, alors on continue quand même à ressentir pendant un certain temps les effets d'une telle nuit dans la salle de garde. Sur la couchette, je suis bel et bien incapable de dormir ne fût-ce qu'à cause du chahut que font une douzaine de fantassins qui ronflent. Mes deux derniers tours de garde ont été à cet égard très désagréables. Un revers de la médaille est assuré par la quantité de mauvaise bière que l'on consomme au cours de ces gardes avec la visite du sous-officier, et en outre avec les visites que l'on reçoit soi-même. Pendant ce temps, toute la salle de garde est enfumée au point que sans fumer soi-même on ne pourrait pas y subsister. À présent, outre les cigares, j'emporte toujours avec moi dans mon sac ma pipe, et une demi-livre de bon tabac que j'ai entièrement utilisé à chaque fois jusqu'à présent. Outre ce qui vient d'être mentionné, mon sac équipé pour la garde contient aussi des articles de toilette, une chemise propre et quelques petites bouteilles d'eau-de-vie, du format qui permettant d'en glisser une dans chacune des grandes moufles qui pendent après la baïonnette et aussi une quantité de rhum pour un grog, un certain nombre d'œufs durs, qui à la prise de mon poste de garde sont casés dans la cartouchière, parce que sans ces *impedimenta,* après chaque garde de deux heures passées debout, je ressens un grand appétit. Enfin de la lecture, si possible du genre léger. Un jour, j'ai emporté le droit privé allemand de Gerber pour apprendre plus de détails sur le droit féodal, mais je n'ai pas dépassé le concept de *feudum castrense*, quand on est de garde on en est incapable. À partir de lundi, commence une des périodes les plus désagréables et les plus fatigantes de cette année de service, et à côté d'une partie de temps d'instruction : l'exercice en compagnie. Pendant ce temps précisément, il faut être particulièrement prudent vu qu'une quelconque malchance peut très facilement vous coûter les boutons, ainsi par exemple si pendant le salut vous êtes bousculé par votre voisin, et que vous fassiez tomber votre fusil, ce qui vous vaut régulièrement le trou etc…[71]Je ne suis pas particulièrement inquiet pour ce qui est de mon avancement au grade de brigadier ; je marche fort bien à présent (ce à quoi le capitaine accorde beaucoup d'importance) et je me livre aux exercices de façon acceptable. Pour continuer à avancer plus tard on dispose de divers moyens, par exemple bûcher assez souvent, ce qui, ici, en impose beaucoup dans les cercles d'officiers et que l'on favorise, mais cela peut attendre encore jusqu'à l'été.

---

[71] Le bouton marque une progression pour monter en grade

Par un hasard très heureux pour nous, il n'a pas été question une seule fois jusqu'à présent de froid hivernal, par lequel l'exercice doit être tout à fait insupportable selon les endroits. J'aimerais bien savoir comment il est possible en Prusse Orientale d'instruire les recrues en hiver. J'espère que l'été prochain y correspondra en fraîcheur, car sinon, comme en témoignent les soldats les plus anciens, un exercice de service en campagne peut se muer en [72]*une torture* qui suivant les circonstances peut – être dangereusement malsaine pour la santé. Pour le moment, nous remercions tous le Créateur de ne pas avoir ici de manœuvres impériales l'automne prochain, comme cela avait été craint d'abord. Les mois passés, presque cinq mois de service à présent, sont tout de même passés bien vite, en somme, plus vite qu'un semestre à Heidelberg par exemple, ce que je ne saurais attribuer à aucune autre circonstance que l'abrutissement horrible dans lequel on est plongé, ainsi qu'à l'incapacité d'avoir la moindre pensée.

Comme l'a prouvé l'expérience, le temps passe le plus vite, et de loin, lorsque l'on parvient à ne penser à rien pendant un laps de temps assez long, ce qui, bien sûr n'est possible qu'au service militaire. Les six mois d'été seront un peu plus longs pour nous. Le 26 février au soir, samedi, j'ai finalement été assailli par la fatigue au point de m'endormir, donc je suis allé me coucher. Dimanche matin, mon ordonnance est venue me chercher pour m'amener à la caserne : on nous mena à l'église. Dimanche à midi et le soir j'étais invité chez les Baumgarten. Lundi matin tôt, débuta l'exercice de la compagnie trois heures durant. À midi, les escouades se mirent en ordre de manœuvre, l'après-midi ce fut la gymnastique, et le combat à la baïonnette. Mardi matin de neuf heures un quart à midi, exercice de la compagnie,

---

[72] En français dans le texte

l'après-midi à partir de deux heures un quart, tir, dont nous sommes revenus à sept heures, vu que les stands de tir sont éloignés d'un mille. Mercredi matin jusqu'à midi, exercice de service en campagne avec paquetage, l'après-midi : trois appels différents, le soir, je suis allé très fatigué à un concert Wagner dans lequel chantait Emmy. Ce matin exercice de compagnie, l'après-midi combat à la baïonnette. On avait par conséquent pourvu suffisamment à nos occupations, et en rentrant le soir pour m'asseoir sur le sofa en fumant une pipe, je tombai dans les plus brefs délais dans un sommeil si agréable que je jugeais opportun d'échanger au plus vite le canapé contre le lit. Hormis ces particularités désagréables de la vie militaire qui cependant ne sont plus une nouveauté pour moi, mon état est satisfaisant comme auparavant. Les efforts physiques ne me pèsent pas beaucoup à présent et en pensant à la période en tant que recrue ils ne me semblent plus importants ; le pire, je ne peux que le répéter : c'est de tuer le temps à une grande échelle. Pour que cette lettre finisse par trouver une fin, je préfère en rester là avec ce jargon militaire propre à tous les *Einjährige* et constituant une vraie plaie pour les civils présents lors de telles conversations, ceci pour raconter ce qui reste à raconter... C'est pour moi un grand avantage que mon oncle ait l'habitude, fort agréable au demeurant, quand lui parvient une nouvelle parution d'une nouveauté éclatante et d'un intérêt général de la descendre pour le thé, et de la lire en entier ou en partie, c'est ainsi que récemment il avait apporté le livre intéressant à bien des égards : « La société de Berlin » que j'ai déjà eu l'occasion de mentionner un jour.

C'est vraiment une honte pour l'Allemagne que ce livre soit décrié comme un pamphlet ordurier par la presse gouvernementale et se trouve déjà confisqué, je crois. À bien des égards ce livre est tout à fait excellent, et en tout cas modéré, à un degré tel, dont on ne croirait pas un Français capable. Qu'il y soit instillé quelques méchancetés, en particulier contre Bismarck et ses *Dupes* (C'est ainsi qu'il nomme W.Busch etc.), voilà qui est évident. Il est évident aussi que ce livre fourmille de crimes de lèse-majesté, ce qui n'est pas étonnant : mais, est-ce que par hasard, un Allemand ne parlerait toujours des grands-ducs russes qu'en termes de Sérénissimes ? Quand l'auteur anonyme dit de l'impératrice qu'elle n'est pas d'un mauvais naturel, mais « *affectée et intrigante* », le Prince Frédéric — Charles qui n'est qu'un « *homme de guerre brutal* » et que lui et son cercle ne sont que « *des ouvriers intrépides* », ce sont bien là des choses que l'on pense aussi chez nous, mais que l'on n'exprime que dans l'intimité[73]. Je trouve aussi très belle, par exemple sa manière de mettre en évidence chez l'empereur (Guillaume Ier) qu'il caractérise comme « *vieux, bienveillant homme* », la grande dignité avec laquelle il supporte, sans manquer à lui-même, de s'effacer totalement devant son chancelier. Du Kronprinz (Frédéric) il ne dit que très justement, ce qu'au fond personne ne sait au juste ce qu'il voudra, si ce n'est qu'il voudra autre chose, que ce que veut la faction dominante : peut-être, dit-il, ne le sait - il pas lui-même non plus. La princesse impériale dont l'auteur dit qu'elle porte décidément la culotte, s'en sort très bien ; quelques passages m'ont rappelé les confidences de Hintz Peter dont tu te souviens sans doute. Mais tout à fait étrange est, par la suite, la manière dont le Prince Guillaume est décrit, comme un génie de premier ordre, un futur autocrate, un vrai danger pour l'Europe, faisant sien, dès à présent, dans une bien plus grande mesure (et à juste titre) le dédain que son grand-père nourrit à l'égard du Kronprinz. C'est là que

[73] L'ouvrage : Vasili Paul (comte de) « La société de Berlin » 1884, est en français, les citations sont en français dans le texte

l'on se met à douter, que l'auteur qui devait s'être immergé totalement à Berlin, ait observé placidement. En tout cas, il est non seulement injuste, mais ridicule de mettre un livre tel que celui-ci sur le même plan que Tissot, ou de le décrier comme un pamphlet indigne d'attention, quand tout se trouve au diapason de ton avis souvent exprimé en ma présence. L'auteur, de façon juste un peu trop pessimiste, décrit la manière qu'a Bismarck d'aspirer à détruire autour de soi, toutes les forces capables et autonomes, et parvient au résultat suivant : une fois qu'il aura disparu, il ne laissera derrière lui que le chaos, un inextricable engrenage humain manquant de force motrice, semblable en cela à Frédéric II. Alors tout cela, bien sûr, n'est pas agréable à entendre pour le gouvernement. Et nous non plus, il ne saurait être agréable d'apprendre que les Français sont si bien renseignés sur nous ; mais il reste que c'est un jugement objectif, et non une diffamation. J'écris d'une façon si détaillée sur ce genre de chose pour montrer au moins ma bonne volonté d'écrire quelque chose de sensé. Même si à présent je suis trop obtus pour produire des pensées personnelles, je suis capable pour le moins d'un compte - rendu.

Il faut se méfier des doigts crochus de Messieurs les Stradiots pour ce qui est de tes cigares. Un jour, que je les avais laissés imprudemment ouverts, mon ordonnance a eu la main si lourde que je n'en ai pas profité beaucoup. Cependant, pour autant que j'aie pu le remarquer : jusqu'à présent ses doigts crochus se limitent à l'eau-de-vie et aux cigares. Jusqu'ici, dans les rares cas où par hasard, l'occasion de m'escroquer se serait présentée, même des soldats que je ne connaissais absolument pas, m'ont toujours rendu l'argent. D'une manière générale, il est intéressant d'observer quels concepts moraux, tout à fait singuliers, ont cours parmi les hommes de troupe, et surtout quelle espèce toute particulière de notions de l'honneur. Fort souvent, j'ai été étonné du ton convenable qui règne oh combien ! Et toutes proportions gardées parmi les gens de ma compagnie par exemple, dont, comme je l'ai constaté, un tiers environ a simplement indiqué « ouvrier » pour ce qui est de leur métier, et de celui de leurs parents — et ces derniers sont les plus convenables. Est louable en particulier, la justesse avec laquelle ils savent trouver leur position à l'égard des *Einjährige* sans se manquer à eux-mêmes, ni par ailleurs trop donner dans l'insolence. Ils se soûlent quasiment tous et ce le plus naturellement du monde, et il leur est tout naturel de traîner avec des gourgandines, outre cela, ils sont frustes jusqu'à un certain point, et ont en particulier, une horrible grossièreté d'expression ; mais ils restent presque tous dans une certaine moyenne. La bassesse véritable se trouve aussi peu, que l'élévation au-dessus de la qualité moyenne générale, et, comme je l'ai dit : c'est avec les plus pauvres diables, les ouvriers, ou ceux déjà punis pour mendicité qu'il est le plus facile d'être en bons termes. Tandis que ceux qui ont déjà fait le garçon de café, ou quelque chose de ce genre ou qui ont la prétention de valoir mieux que les autres, sont la plupart du temps une bande tout à fait brutale et dangereuse. Ce qui est particulier dans ce contexte c'est la prétendue nécessité absolue des trois ans de service.

J'ai appris et tout un chacun ayant fait son service sait cela, que les soldats libérés après deux ans, ceux mis en congé de disponibilité, ne sont pas vraiment les meilleurs soldats, ni ceux qui sont le mieux formés. En cas de guerre par exemple, des gaillards ayant été punis pour ivrognerie ou jetés au trou pour rixe, ou parce qu'ils ont rossé un sous-officier, sont la plupart de temps des gens bien plus roublards, et au cas où l'ennemi les harcèle, bien plus aptes et bien plus intrépides, que les froussards, qui en toute honorabilité se sont bien conduits deux ans durant, se mettant en bons termes avec les sous-officiers. En outre, il est notoire, et chacun peut le constater, les capitaines renvoient toujours ceux qui sont les moins aptes au service : ceux qui sont tordus, qui gâchent le pas de l'oie, et qu'ils gardent les gens de belle prestance, toujours est-il que le système mène à des injustices flagrantes.

*

Strasbourg, le 25 mars 1884

À Alfred Weber
À l'occasion de sa confirmation

Cher frère,

Aujourd'hui, mon intention est d'une part, de te remercier enfin pour tes deux lettres, mais aussi et principalement de te dire en ma qualité de frère et de chrétien, quelques mots au moins concernant le tournant significatif de ton existence auquel tu te trouves. Ceci, pour te montrer quelle est ma conception de ce pas important, et quelle est, à mon avis, sa signification pour celui qui l'entreprend. Enfin, pour te présenter aussi à cette occasion mes cordiales félicitations. Tu as été familiarisé avec les préceptes de la religion chrétienne tels qu'ils ont été conservés et tels qu'on y a cru dans notre Église depuis les temps anciens. Il ne t'aura pas échappé que la conception du vrai sens, et de la signification profonde - ces derniers sont très différents chez les différentes gens, et que chacun essaye de résoudre à sa manière les grandes énigmes que cette religion offre à notre esprit. Ainsi te voilà confronté, comme tout autre chrétien, à l'exigence d'une opinion individuelle dans ce domaine, en ta qualité de membre de la communauté chrétienne. C'est un problème que chacun doit résoudre, et chacun à sa façon, pas en une fois, il est vrai, mais sur la base de longues années d'expérience au cours de sa vie. La manière dont tu résoudras ce problème, qui se pose pour toi pour la première fois, tu n'auras à en répondre que devant toi-même, ta conscience, ta raison et ton cœur. À ce que je crois, en effet, la grandeur de la religion chrétienne réside justement en ceci qu'elle est là pour tous les hommes, dans une égale mesure, qu'ils soient vieux ou jeunes, heureux ou malheureux, et, elle est comprise de tous fût-ce de façon différente, et, elle a été comprise depuis presque deux mille ans. Elle est l'une des bases principales sur lesquelles repose tout ce que notre époque a créé de grand. Les États qui sont nés, toutes les grandes actions que ces derniers ont accomplies, les lois et les règlements considérables qu'ils ont consignés, la science aussi, et toutes les grandes pensées du genre humain se sont principalement développées sous l'influence du christianisme. Depuis la genèse de la pensée, la pensée et le cœur des hommes n'ont jamais été autant emplis et touchés que par les idées de la foi chrétienne et de la charité chrétienne. Plus tu regarderas les écrits de l'histoire humaine, plus cela deviendra clair à tes yeux. C'est ainsi que, de nos jours, tout ce que nous résumons sous la dénomination : « notre culture » repose en premier lieu sur le christianisme. Aujourd'hui, dans les institutions et règlements de toute la société humaine, dans ses modes de pensée et d'action, tout y est lié et en dépend, à un point tel que, nous – mêmes ne le remarquons pas toujours, et ne sommes même plus conscients d'être sous l'influence de la religion chrétienne dans tout ce que nous faisons et christianisme est le lien commun qui nous unit à tous les peuples et humains qui partagent le même niveau élevé, car même les hommes situés plus bas que nous, et qui ne se nomment pas chrétiens ou prétendent ne rien avoir à faire avec le christianisme, se sont tout de même appropriés ses idées fondamentales et agissent involontairement suivant ses préceptes. C'est dans cette grande collectivité de l'espèce humaine que tu entres à présent en qualité de membre de la communauté chrétienne, et en en ayant conscience, jusqu'à un certain point du moins, il sera, tout comme pour moi, toujours plus clair à tes yeux, qu'en exprimant le désir d'être intégré à ce grand pacte fraternel englobant le monde entier, et ce par la confirmation et la récitation de la profession de foi, tu t'es imposé certains droits et devoirs. En qualité de membre de la communauté chrétienne tu endosses le droit et le devoir de travailler à ta partie de l'évolution de la civilisation chrétienne, et par là – même à toute l'humanité. Et ce, à un moment où un autre chacun de nous convient que c'est une condition nécessaire à son propre bonheur que de s'imposer ce devoir et cette tâche et de les remplir aussi bien que possible. Nous autres jeunes gens, pouvons tout d'abord tenter cela en aspirant à nous rendre aptes à servir l'intérêt de la société humaine, et à acquérir les forces de l'esprit nécessaires pour une participation zélée à cette œuvre, et au perfectionnement du monde. Plus tôt, nous reconnaîtrons que notre propre satisfaction **et** notre paix intérieure sont indissolublement liées à l'aspiration à remplir ce devoir, plus tôt, nous aurons le sentiment joyeux d'être placés sur cette bonne terre en qualité de collaborateurs à une grande œuvre, et mieux cela vaudra pour nous. Et, c'est ainsi, que pour finir, je tiens à ce que tu recueilles mes vœux d'aboutir toujours plus à cette conscience, fruit du véritable christianisme, pour le bonheur de nos parents, et ta propre paix.

Ton frère Max

CINQUIÈME SEMESTRE

*

Strasbourg, le 3 mai 1884

Chère Mère,

Enfin, vos aimables présents et lettres sont suivis d'une réponse. À présent que je suis à la tête d'une escouade, et que j'ai l'honneur d'être rendu personnellement responsable quand un quelconque cochon de Polonais qui en fait partie, se présente au service, non rasé et puant, j'ai le loisir de déambuler dans la caserne, presque toute la journée, en apprenant à connaître à fond la propreté, ou la malpropreté militaire. Quand un gaillard a englouti son pain de munition, non pas en trois jours, mais en trois heures, et que, ce faisant, il fait presque mine de mourir de la digne mort du héros, quand un autre, perd la moitié de la semelle de sa botte lors de l'exercice de service en campagne, ou, qu'un sous-lieutenant original, a l'idée de faire enlever une botte aux hommes avant qu'ils ne se rendent à l'église, et que lors de cette opération, il s'avère que le pied se trouvant dans cette même botte se trouve dans un état non réglementaire, alors il est dit : « *qu'il ne règne pas un esprit militaire dans cette escouade* » et que le « *commandant de l'escouade n'a pas le coup d'œil militaire sûr* » (à vrai dire l'odorat), si bien que plusieurs fois déjà, je suis entré dans une colère noire maudissant le titre de *Einjährige* comme un affront à toute vérité. Après s'être senti important en sa qualité de supérieur pendant deux ou trois jours, des coliques et l'absence d'appétit sont finalement les seuls résultats d'un commandement d'escouade consciencieux. Dieu merci, ce calice passera aussi un jour, mais pour l'instant je suis une machine de service à l'état pur et mes occupations hors service sont : manger + boire + dormir + 0

Passons à la réponse à vos lettres. Tous mes remerciements avant tout pour vos aimables envois et vos mots aimables à l'occasion de mon entrée dans la troisième décennie de ma vie. Je suis bien conscient de l'importance de cette dernière, et j'y entre plein d'attentes avec la volonté d'accomplir quelque chose, et la conscience d'en être capable aussi. Même si à l'heure actuelle mon occupation intellectuelle est réduite à un minimum, qu'il ne saurait être question de travail véritable, et que les modestes connaissances que j'ai acquises jusque-là dans mes études spécialisées font plus figures de tristes ruines déjà en grande partie dispersées dans un grand désert voire écroulées en grande partie. Je bénéficie toutefois dans les relations avec nos deux maisons parentes des motivations les plus profondes pour l'âme et l'esprit ; je ne quitte jamais la maison des Baumgarten sans en emporter quelque chose, même si, les résultats que j'en tire pour moi, coïncident rarement avec le mode de pensée des habitants de cette maison. À l'égard de certaines conceptions fondamentales qui sont de mise chez la majorité prépondérante de ses habitants, je me trouve être dans une opposition consciente et déterminée, à laquelle je ne pourrais pas renoncer sans changer totalement, et à laquelle je ne dois pas renoncer, parce que rien, jusqu'à présent, ne m'a convaincu de son absence de bien fondé. Je n'ai jamais tenté de cacher ma position à cet égard, et je rencontre auprès de tous ceux qui sont concernés une aimable tolérance. Il faut décidément que je fasse une exception pour Laura dont le caractère est dominé par son intolérance obstinée, au point qu'il faudrait la juger assez durement, si l'on ne se devait de considérer qu'elle est simplement maladive.[74]C'est vraiment pour ma tante un fardeau tout à fait important, et ceci bien moins extérieurement (chez les Baumgarten qui justement, ont une organisation domestique à la structure simple, cela n'entre pas trop en considération), intérieurement. Mis à part son intolérance à l'égard du jugement et de la personnalité d'autres gens, Laura est dotée aussi d'un degré d'opiniâtreté et de soif de domination formant vraiment un contraste particulier avec sa situation. S'ajoute à cela qu'à l'instant même, où ces particularités sont entravées dans la liberté débridée de leur développement, et ce d'une façon telle qu'elle le ressente, les altérations les plus violentes, et la ruine corporelle en sont les conséquences assurées. C'est pourquoi la voie par laquelle il s'agirait en somme de l'aider est véritablement énigmatique. Il semble impossible en particulier de lui ouvrir les yeux sur sa propre situation et ce qui en résulte suivant des points de vue habituels. C'est ainsi que chez elle, comme me le faisait remarquer mon oncle à l'occasion, on ne saurait déceler la plus légère trace d'un quelconque sentiment du devoir. Dans ses conceptions d'un spiritualisme anormal, elle a conscience de passer totalement outre à ce qui à ses yeux ne sont que des bagatelles allant de soi. Après tout ce qu'elle avait fait pour Laura, il était quand même dur pour ma tante d'apprendre par Madame von Harder, que cette dernière lui avait récemment soutenu qu'elle avait acquis la conviction que sa tante ne l'aimait pas : « car elle ne voyait pas d'un bon œil quoi que ce fût qui pût la réjouir, et ne lui faisait pas le moindre plaisir ».

---

[74] Il s'agit de Laura Fallenstein, demi-sœur d'Emily, nièce par alliance d'Ida Baumgarten

Le 7 mai, jour de pénitence, ce n'est qu'aujourd'hui que je retrouve l'occasion de continuer et je l'espère de terminer mon écrivasserie. Après être revenu extraordinairement tôt de la caserne où aujourd'hui, jour de fête oblige, je n'ai besoin de retourner que trois fois encore, tandis que par ailleurs, hormis une heure et quart de pause à midi, je passe en fait toute la journée à la caserne. Dimanche, où je pensais pouvoir terminer cette lettre il m'a fallu aller à l'église le matin, après avoir passé en revue auparavant la tenue des hommes de troupe qui s'y rendaient ; à midi il m'a fallu aller au mot de passe et l'après-midi à nouveau la caserne chez le garde – magasin ; le soir, je suis allé chez les Benecke. À part cela dans le bataillon c'est quotidiennement l'exercice, en tirailleurs aussi, j'ai aussi à participer tous les jours à toutes sortes d'activités au magasin : telles que rendre les uniformes de guerre perçus par les hommes à la suite de la révision etc… Ainsi, pour en revenir au sujet traité, je ne saurais considérer l'idée d'accueillir Laura dans notre maison comme un bonheur, cette idée se trouve exclue a priori par les circonstances extérieures. Sa manière de porter un jugement sur les conditions de familles qui ne lui sont pas proches du tout, de croire que l'on puisse s'en mêler, voire qu'on puisse être tenu de le faire ! Voilà qui serait toujours un élément perturbateur. Dans une vie de famille normale car au vu de l'incapacité où elle se trouve de porter vraiment sur de telles conditions un jugement autre que totalement *a priori* ou théorique, c'est là un mode de pensée menant à des résultats d'autant plus douteux. Il y a dans cette façon de voir un grossier manque de respect, en se croyant autorisée à interférer entre parents et enfants, et entre mari et femme, un manque de respect constituant le résultat ultime de cette orientation chrétienne extrême. Car, je ne saurais appeler christianisme cette conception fanatique — qu'elle-même, et manifestement aussi sa sœur défunte ont pratiquée, et que la mentalité régnant dans la famille Baumgarten ne sera jamais en mesure de contrer énergiquement. Avec son énergie opiniâtre, mais toujours rigide, ou déviée tout de même par les circonstances, et son aveuglement à l'égard de tous les facteurs naturels, et non pas suprasensibles à prendre en compte, surtout dans le flou où elle se trouve quant à sa position ; elle est digne de pitié au plus haut point, ce qui ne saurait empêcher cependant, que l'on éprouvât le souhait de ne pas l'avoir dans sa propre maison. La perspective de la voir gagner quelque influence sur mes frères et sœurs — et c'est ce qu'elle voudrait absolument — sans égards dans le choix des moyens pour y parvenir — ne me serait aucunement agréable. Il y a quelque temps, mon oncle m'a parlé de façon très amère du malheur que les deux sœurs Fallenstein ont fait s'abattre sur lui et sa famille, et ce n'était certainement pas à tort… Otto, cela fait à peu près quatre semaines que je l'ai vu pour la dernière fois, et je trouve qu'à présent il est marqué par ce qu'il a subi, et ceci bien plus que peu après la mort d'Emily, où comme je l'ai écrit, il se trouvait dans un état d'extase totalement artificiel et surnaturel.[75] Il continue de travailler de toutes ses forces et accumule des expériences vraiment intéressantes dans le domaine des conditions de vie dans l'Église et la société ; il s'occupe beaucoup de politique sociale, vu qu'en effet les conditions de vie de sa paroisse le mettent fréquemment en contact avec les questions les plus difficiles de ce domaine. Il me semblait que les jugements qu'il portait en ma présence sur ces sujets manquaient de cette acuité intellectuelle qui jadis caractérisait tout ce qu'il disait ; c'est là manifestement, un signe de sa fatigue intellectuelle tout à fait compréhensible. D'une façon générale, il donne

[75] Emily Fallenstein, défunte épouse d'Otto Baumgarten

l'impression d'être très las. J'ai l'intention aux alentours de la Pentecôte, si j'étais sûr de ne pas le déranger, de me rendre auprès de lui, donnant suite en cela à une invitation qu'il m'a adressée il y a bien longtemps.

Revenons à ta lettre, en particulier à ce que tu écris au sujet de la confirmation d'Alfred, il m'a toujours semblé, et je le crois toujours, qu'il n'est pas tout à fait légitime que tu te plaignes de ce qu'Alfred n'ait pas été confirmé par un prédicateur qui selon tes mots, l'ait encouragé à une pensée plus « autonome » ; toujours est-il, que disant cela, tu penses à l'une des sommités libérales de Berlin, Hossbach etc… Mais pour justifier l'aspiration à doter quelqu'un d'une plus grande autonomie dans sa conception du christianisme, et dans son attitude à l'égard de ce dernier, il faut, sans aucun doute, pouvoir présupposer chez ce quelqu'un, d'une manière générale, qu'il ait déjà pris position de lui-même, à l'égard de cette conception, qui depuis sa jeunesse était pour lui naturelle, c'est-à-dire à l'égard de la doctrine de l'autorité.

Sinon, pour le cas où serait assoupli de l'extérieur son concept de l'autorité, ce fondement de tout son être depuis toujours, un summum à ses yeux, risquerait de perdre toute validité. C'est alors, qu'après la chute de cette autorité éminente, l'autorité du pasteur libéral ne lui semblerait pas pouvoir entrer en ligne de compte, car notre jeune homme resterait toujours habitué à penser sous la protection d'une autorité présupposée. La conséquence en serait qu'il se retrouverait soudain réduit à sa propre pensée, sans même y être habitué, car jusqu'alors il a toujours pensé en présupposant ce principe d'autorité ; c'est ainsi qu'il se trouve soudain obligé de voler de ses propres ailes, non seulement sans avoir appris à se déplacer de la sorte, mais sans avoir eu auparavant, la moindre idée de la possibilité, et de la manière de le faire. La manière de procéder naturelle me semble, tout de même, de lui faire observer par lui-même que d'autres volent de leurs propres ailes, de lui montrer à peu près comment ils s'y prennent, et d'attendre de voir s'il veut bien essayer. C'est alors seulement qu'on lui indique la voie. Ainsi, il y a un an, si Alfred avait manifesté le besoin de s'affranchir du principe d'autorité, tu aurais eu raison, mais ce n'était décidément pas le cas. Ce n'aurait donc pas été juste de l'y forcer contre son gré en le confiant à des ecclésiastiques libéraux. À présent, le développement normal s'est opéré de lui-même chez lui, et ce de façon bien plus naturelle, plus calme, comme j'ai déjà cru le constater il y a six mois en lui parlant, et je le sais avec certitude par les lettres qu'il m'a écrites en hiver et maintenant aussi. Il a appris à connaître objectivement les préceptes chrétiens par Monsieur M., très insignifiant, il faut bien le dire, et a pris à leur égard une position de lui-même qui s'il la développe calmement, peut le mener à une conception très objective, globale et dénuée de partialité. Je crois qu'en cette matière le succès a donné raison à mon père.

7 mai 1884

Ce que tu écris par ailleurs et ce déjà pour la deuxième fois, au sujet de ton « incapacité » à faire quelque chose par toi-même pour notre développement de l'esprit et du cœur, d'être aussi une mère pour nous intellectuellement parlant : il me faut, face à cela, constater de toute mon énergie que cela repose sur une erreur totale ; que tu aies conçu cette opinion, j'admets ouvertement que j'en suis partiellement coupable, par mon incapacité à me faire comprendre oralement, et à m'exprimer sur toutes sortes de choses en face justement d'êtres qui me sont les plus proches, à montrer mon incapacité à me montrer cordial ou du moins aimable dans mes relations avec eux, en un mot par mon côté renfermé et le côté désagréable de mes manières.

Je ne saurais que t'assurer Chère Mère, que malgré cela, et peut-être parce que ce n'était pas toujours clair à mes yeux, ton influence sur nous a été plus grande que celle de la plupart des parents sur leurs enfants. Je peux à présent le constater par expérience. Si j'ai souvent été désagréable et peu aimable, cela s'est produit parce qu'à ce moment-là, je m'occupais beaucoup, peut-être trop, de moi-même, et que j'étais en désaccord avec moi-même, et insatisfait, mais incapable de dire cela ouvertement, et incapable, d'un autre côté, de totalement le cacher. Mes pensées ont souvent emprunté des sentiers tout à fait excentriques, et c'est probablement à ton influence qu'il me faut attribuer le point de vue plus calme que j'ai atteint maintenant, et ma capacité de faire cas de l'expérience, et de considérer sans préjugés les pensées et la personnalité d'autrui pour en tirer des leçons. Jusqu'à présent, durant mon temps d'études, j'ai, bien sûr fait de nombreuses choses très peu réfléchies, mais je n'ai pas fait de coups *pendables,* et si cela n'a pas eu lieu - jeune comme je l'étais, et le suis encore, la tentation a souvent été imminente —, c'est parce qu'à ce propos, j'ai pensé à toi.

*

Strasbourg le 30 mai 1884

Cher Père,

Depuis quelques jours je suis porté « malade » dans le registre de l'infirmerie. J'ai au pied droit une tendinite initialement très désagréable, (et Dieu sait où je me suis fait cela), qui m'a rendu la marche très douloureuse, et finalement impossible ; en conséquence je suis resté chez moi et ne suis pas allé non plus chez les Baumgarten dimanche dernier. À présent, je suis presque brûlant d'impatience à l'idée du 1er octobre, et je me réjouis fort à l'idée de Charlottenburg et du semestre d'hiver à Berlin.

Cette existence militaire finit quand même par devenir écœurante et obtuse en particulier parce que ces derniers temps, elle ne laissait absolument rien subsister à côté d'elle. J'espère qu'à présent les jours de mon commandement d'escouade sont comptés, mais ces quatre dernières semaines, j'étais à la caserne du matin au soir, sans pouvoir empêcher qu'à toutes sortes d'occasions on me vole des choses ; alors, pour ne pas être signalé par-dessus le marché, et peut-être même puni, j'ai dû faire racheter celles-ci à mes frais. C'est décidément bien différent de dormir avec ses hommes etc… ou de devoir s'y rendre pour chaque service à partir de la maison. Heureusement ce calice aura aussi bientôt passé. Pour la capacité de sacrifice, cela ne fera pas de différence, en somme, que l'on se sacrifie pour une grande idée enivrante, ou pour des chaussettes russes sales. C'est cela, « se sacrifier » car il n'y a guère de manière plus ignominieuse d'autocrucifiction que de s'enfoncer sciemment dans la stupidité la plus profonde. Toujours est-il qu'il est gênant lors de ce sacrifice sur l'autel de l'humanité, de voir que l'on s'y prend de façon bien plus maladroite qu'un quelconque sous – officier, et que tout cela n'a de grande valeur ni pour soi-même, ni pour l'armée allemande. Dans tout cela, il n'y a pas à apprendre grand-chose non plus, car *le seul tour de main* par lequel les sous-officiers sont plus forts que nous, nous pouvons l'apprendre, bien sûr, mais pas l'appliquer : rosser les hommes, leur asséner des coups de pied etc… Je ne veux pas donner dans la récitation des complaintes de Jérémie que vous connaissez déjà (et avec cela, cet homme n'a même pas été sursitaire volontaire !), me limitant à constater que le mois passé, je le compte aussi au nombre de ceux qui sont perdus - durant ce mois, je n'ai strictement rien fait.[76] Non seulement du point de vue du travail mais aussi de celui de la lecture, à peine quelques journaux…

À présent en matière de journaux, il n'y a que le noble *Berliner Tageblatt* que j'ai vu **de** temps en temps, et régulièrement le *Kladerradatsch.* Par endroits, ce dernier est à nouveau tout à fait excellent, il est notamment, ce qui est très réjouissant, l'une des rares revues allemandes à traiter de l'Alsace-Lorraine. C'est ainsi qu'à présent tout ce qui est lié à la politique est bien moins que jadis le sujet des conversations que j'ai avec oncle Hermann ; alors qu'auparavant au moins, j'étais informé des faits, et en conséquence capable de réagir à peu près aux explosions de colère de mon oncle, je me retrouve à présent être

[76] Le diem perdidi de Marc - Aurèle

devenu un paratonnerre silencieux et par là – même médiocre, à ces dernières.

Dans le passé, quand mon oncle énumérait un certain nombre des méfaits les plus récents, et, à ses yeux, jamais vus jusque-là de l'administration locale, j'étais capable, du moins de constater de mémoire (d'après ce que j'avais appris par toi et d'autres) que sous des administrations meilleures, des choses analogues se sont produites. À présent, je me limite à être le miroir muet reflétant sa colère sans rien y changer. Il faut bien dire qu'il s'est passé ici toutes sortes de choses propres à échauffer la bile de mon oncle : la nomination de l'Abbé Winterer au Conseil Supérieur de l'Enseignement, la poursuite du proviseur d'ici et les mesures disciplinaires à son encontre : pour oubli de ses devoirs de fonctionnaire et peut-être même pour abus d'autorité au sens de l'agitation, ceci au cas où il ne se rétracterait pas en tout[77]. Cela parce qu'à l'occasion de l'anniversaire de l'Empereur il a tenu un discours pouvant sembler teinté de libéralisme.

Par ailleurs aussi, mon oncle vit bien assez de choses aptes à le dépiter. C'est ainsi que — cela intéressera maman aussi — l'un des meilleurs amis d'Otto, Monsieur von Schubert qui a été pendant de longues années un élève extrêmement doué de mon oncle, a soudain changé son fusil d'épaule pour la théologie, et ce après avoir, je crois, étudié dix semestres durant la philologie, l'histoire et récemment passé son examen d'État dans ces matières ; qui croirait possible une telle décision ? Cette démarche est approuvée par une partie de la maison Baumgarten, si tel est le cas pour Otto, je ne le sais pas ; une autre partie de la maison et la plupart des amis d'Otto trouvent cela

---

[77] Landolin Winterer (1832-1911), chanoine et curé de Mulhouse. Il a été élu député protestataire d'Altkirch au Reichstag en 1874. Il a lutté contre le régime allemand et contre le mouvement socialiste, il est considéré comme partisan d'un catholicisme social.

regrettable, mais compréhensible. Mon oncle n'en est naturellement pas vraiment enchanté et cette défection d'un élève doué sur lequel il avait fondé des espoirs justifiés, lui a valu des nuits d'insomnie. Je comprends, (c'est-à-dire que je tente de comprendre) tant bien que mal une telle démarche, en essayant de faire mienne en pensée cette manière de voir les choses qui prévalait dans la maison de Frau von Harder et d'Emily, mais malgré cela, il ne me semble pas digne pitié, et aussi — il me faut bien le dire — imprudent, car la qualification de Monsieur von Schubert était indubitable, à ses propres yeux aussi, et les connaissances dans le domaine qui était le sien jusqu'alors, étaient extraordinairement étendues, tandis que sa qualification pour le pastorat n'est nullement certaine ; d'ailleurs, tout cela mis à part, il me semble possible de trouver, même sans lanterne, d'innombrables raisons s'opposant à cette démarche.

Pour mon anniversaire, j'ai à nouveau été l'objet d'innombrables amabilités. En rentrant de chez les Baumgarten, je vis qu'il y avait sur ma table un carton portant l'inscription « M.Spindler », je supposai qu'il contenait quelques chemises à mon intention, et le laissai à sa place pour aller me coucher, fâché en secret je l'avoue, du côté prosaïque de la vie. Le lendemain matin, je ne lui ai pas accordé d'attention non plus, mais je me suis empressé de regagner mon service. Revenu à midi, je l'ouvris et que ne vis-je ? À ma fort agréable surprise, il contenait très joliment arrangé avec de la verdure, un splendide cadeau de Baumgarten composé d'un fez, d'une authentique pipe turque rapportée de Constantinople à mon oncle, d'un sachet de tabac athénien, et de victuailles accompagnées du poème ci-joint de Fritz que je te prierais de bien vouloir me renvoyer. L'après-midi votre caisse est arrivée, et, par-dessus le marché, quelques jours plus tard, une boîte de cigares, ainsi qu'un élégant cendrier de la part de mon oncle Wilhelm. Cette année aussi, on a fait de moi, un homme riche. Cette fois, la gueule de bois morale qui en général préside une nouvelle année de vie, faisait défaut le jour suivant. C'est-à-dire qu'en raison de la considérable gueule de bois physique, je n'en ai pas pris pleinement conscience.

*

Strasbourg, le 8 juillet 1884

Chère Mère,

Cette fois, après une pause encore plus longue que d'habitude, je prends mon élan pour un rapport détaillé de mon existence ici. Lors de ma dernière lettre, j'étais encore à l'infirmerie je crois, à cause de mes pieds, qui à l'époque étaient dans un état fort médiocre. Depuis, cela a passé et durant le reste du mois dernier, j'ai fort vaillamment participé au service. Heureusement j'ai été enfin débarrassé de mon commandement d'escouade, car sans cela, le service déjà fatiguant en soi, et prenant notamment beaucoup de temps aurait été carrément insupportable. Toujours est-il, que dans ces conditions c'était supportable, et comme on vous charge tout de même d'un peu plus de choses que dans le passé, ce n'est plus d'un ennui aussi infini. Autant que je sache, je passe maintenant pour un assez bon soldat. Déjà, pour cette simple raison que lors de la gymnastique etc. je ne me retrouve plus moi-même en situation de participer aux exercices, n'ayant plus qu'à corriger et regarder les autres, investi par conséquent de l'agréable mission de ne pas faire remarquer la poutre dans mon œil, pour chercher à sa place la paille dans celui de l'homme de troupe. Les officiers de la compagnie me traitent très correctement à leur manière, en tout cas, avec bienveillance ; l'un d'entre eux, un sous-lieutenant, un gaillard très original, si ce n'est qu'il est un peu débauché, va jusqu'à être d'une grande amabilité à mon égard. Mon adjudant, avec lequel il n'est pas indifférent pour des sursitaires volontaires d'instaurer des relations raisonnables, n'est pas du moins, d'une indécence frappante ; il n'y a que le sous-lieutenant d'instruction (avec lequel j'ai eu une scène dernièrement à cause d'une expression éhontée) qui soit à mes yeux une personnalité médiocre. Dans ces circonstances, si je n'ai pas de malchance particulière, je pense bien avoir de l'avancement en automne. L'arrivée à cette position favorable dans la compagnie m'a coûté suffisamment d'efforts et d'argent, en particulier à cause de la concurrence avec les étudiants des corporations, qui par leur statut même sont favorisés ; Dieu merci, les trois quarts de temps de service sont derrière moi, la fin approche à vue d'œil, et, d'ailleurs, il est vraiment grand temps que le service soit intensif ou modéré, on ne trouve guère le temps, en effet, pour une occupation intellectuelle raisonnable, ne fût-ce qu'à cause de la paresse de pensée et d'action que le service engendre.

Tout ce que j'ai fait pendant mon temps d'infirmerie, et par ailleurs aussi, c'est un peu de philosophie et parallèlement lire un petit volume des écrits de Channing, que ma tante a eu l'amabilité de me prêter ; ces derniers m'ont éminemment intéressé, de par l'extraordinaire hauteur de vues, tout à fait inattaquable dans son genre, à laquelle ils se situent. [78]Sa conception tout à fait originale et souvent sublime de la religion, qu'on ne saurait guère qualifier de chrétienne, fait de ce contemporain et compatriote assez âgé de Th. Parker, une figure encore plus sympathique que ce dernier[79]. Toujours est-il qu'il est

[78] Channing, Théologien américain et unitarien de Nouvelle Angleterre
[79] Th.Parker de l'Eglise Unitarienne, réformiste et transcendentaliste

considérablement plus universel, ne fût-ce que parce qu'il ne s'occupe pas avec autant de passion de la résolution des problèmes théoriques ou alors inhérents à la philosophie des religions qui ont une telle importance pour Parker. C'est pourquoi il réserve plus de temps et un regard plus lucide à la résolution, ainsi qu'à la justification psychologique de problèmes éthiques et moraux, pour la justification desquels il se satisfait de peu de principes philosophiques. Le point de vue de ces parties théoriques est assez naïf, et pourrait éventuellement être qualifié de puéril, mais les résultats pratiques qu'il en tire sont en partie d'une si directe évidence, et l'idéalisme clair et calme qui est issu à ses yeux de ce qu'il appelle la « valeur infinie de l'âme humaine isolée » est si rafraîchissante, si compréhensible aussi, à tout un chacun, fût-il fort éloigné de cette conception, qu'il ne saurait y avoir de doute sur l'universalité de cette conception, qu'on ne saurait douter ni des besoins véritables de la vie spirituelle humaine, ni de son fondement. Depuis ces diverses années dont je puisse remonter le cours de mes souvenirs, c'est la première fois qu'un aspect religieux a acquis pour moi un intérêt plus qu'objectif, et je pense n'avoir pas passé mon temps de façon totalement inutile en faisant la connaissance de ce grand phénomène dans le domaine religieux. Toujours est-il que je suis bien redevable aux Baumgarten de m'avoir procuré cette lecture intéressante. Tante Ida semble beaucoup se réjouir de me voir si impressionné par son auteur favori qui apparemment, ne trouve un écho véritable qu'auprès d'un nombre restreint de ses amis. Manifestement, sa *Weltanschaung* correspond le mieux à la sienne, même si je pense que Channing n'aurait pas développé le culte de l'individu de cette façon aussi extrême, et d'un autre côté n'aurait pas conféré aux concepts de devoir et de loi morale une forme aussi rigide (on serait presque tenté de dire d'une rigidité cadavérique) mais une forme libre et vivante. Mon commerce avec la maison Baumgarten m'est toujours plus agréable, et plus précieux, notamment parce qu'on me témoigne de tous côtés une grande confiance, en particulier mon oncle, qui récemment, j'en étais presque surpris, m'a parlé de façon détaillée d'Emily et du mariage de son fils et de toute leur histoire[80]. Il est vraiment étrange de voir avec quelle force absolue se font face dans cette famille les jugements au sujet d'Emily, et combien ils s'excluent l'un de l'autre. D'un côté, une vénération presque idolâtre qui prête à cette femme des qualités surnaturelles, allant, à mon étonnement jusqu'au don de voyance - comme cela s'est avéré à l'occasion - aux dires de tante Ida. D'un autre côté, une méfiance absolue à son égard, à tout point de vue, en particulier à l'égard de sa sincérité, et la ferme conviction que toutes ses actions n'ont été que les conséquences d'une intrigue tendancieuse. Il est étrange qu'en dehors de tante Ida et des enfants Baumgarten (et il y a lieu d'excepter en un certain sens Fritz), c'est ce dernier avis qui prévaut vraiment : tante Niexel et tante Marie en sont pleinement convaincues[81]. Je ne saurais cependant être vraiment tout à fait de cet avis, car l'idée que l'on puisse se tromper entièrement, et d'une façon aussi fatale sur le compte de quelqu'un, me semble d'une part invraisemblable, et d'autre part assez inquiétante. Toujours est-il que c'était de la part de mon oncle un grand signe de confiance qu'il m'ait seulement parlé de cette affaire ; cela m'a beaucoup honoré. J'avoue que ses mots à ce sujet étaient en partie fort amers, mais il me semble que le seul fait d'en parler montre qu'il ne se trouve plus tout à fait au cœur de cette affaire, et qu'elle commence à entrer dans ce qui est surmonté, passé…

[80] Emily Benecke née Fallenstein

[81] Ce sont les sœurs de Herman Baumgarten

Vendredi le 18 juillet

Voilà dix jours que repose cette lettre qui avait eu quelque peine à atteindre ce stade et rarement j'ai eu le sentiment d'une si mauvaise conscience et d'une inquiétude si forte, d'un poids sur la poitrine si désagréable, qu'à présent, je me hâte de lui donner une suite. Dix jours durant, je n'ai pas réussi à prendre sur moi pour faire la moindre chose. Dimanche dernier où j'étais certain de terminer cette lettre, on m'a cherché tôt par ordonnance à mon lever - c'est-à-dire pas tout à fait tôt — pour me rendre au service religieux militaire. L'après-midi, j'ai peut-être eu tort d'aller chez les Baumgarten, mais je savais que ce jour-là tante Ida allait partir en voyage, et Laura le lendemain ; la première, pour quinze jours, la seconde jusqu'en septembre et comme dans les circonstances actuelles, je ne sais pas du tout si je reverrai Laura, j'ai tout de même cru devoir m'y rendre. Les autres jours, je me suis endormi dès que je regagnais ma chambre, que ce fût sur la chaise ou le sofa. Je ne peux absolument pas supporter une nouvelle réjouissance militaire : les exercices nocturnes de service en campagne, deux fois par semaine. Tandis que jusque-là, depuis que j'ai à nouveau des pieds en bon état, j'ai fort bien supporté le service, mieux qu'une partie des autres sursitaires volontaires, je me trouve dans cet exercice dans ce cas fortement désavantagé par rapport à eux.

Moi, qui ai une transpiration tellement forte, la chaleur m'est assez indifférente, et ce n'est qu'en position assise, immobile que je suis proche du sommeil, mais courir dans tous les sens, la nuit, les habits complètement trempés et la tête échauffée, voilà qui m'est insupportable. Dans ces cas, j'ai toujours la sensation d'avoir une forte fièvre et me sens si dépourvu de tout ressort que le jour d'après, je me rends à chaque fois au service en doutant d'être en mesure de le supporter. En conséquence, ce que j'amasse de sommeil en ce moment est vraiment à peine croyable. Voilà qu'en outre, mon sous – officier chef d'escouade s'est permis la plaisanterie de se faire mettre au trou, pour une période assez longue, si bien qu'il me faut commander l'escouade par intérim, passant des après-midi entières à surveiller le nettoyage des douilles de cartouches, et il faut bien dire que ce faisant, je m'endors assez régulièrement, si je ne marche pas de long en large sans arrêt. Tout cela fait qu'à présent je suis moins satisfait que jamais de la vie militaire, après qu'elle m'avait assez bien plu, il y a une quinzaine de jours. Tout cela, n'excuse pas que je n'ai pas écrit, car premièrement j'aurais déjà pu et dû écrire plus tôt (j'avais déjà commencé à le faire, quand dernièrement j'étais de garde) et ensuite j'aurais dû trouver encore assez d'énergie pour satisfaire à ce devoir. Je ne saurais répliquer aux reproches de papa à ce propos, qu'en avouant qu'à chaque fois que le soir après le dîner ou le matin après le service, je me suis assis pour écrire et je n'avais plus l'énergie nécessaire pour me maintenir éveillé. Que je ne sois pas resté silencieux aussi longtemps de mon plein gré, voilà qui relate bien ma situation ; bien que j'attende impatiemment de l'argent pour le premier, je n'ai même pas pu m'adresser à vous pour cette raison bien fondée. Depuis trois semaines mes liquidités ne comptent plus que des groschens d'argent, et je rends mon existence possible en achetant tout ce que je consomme, le plus possible, auprès de mes propriétaires — ce qui n'empêche pas de consommer beaucoup en dehors du service. Je suis peut-être sorti quatre fois depuis le premier juillet. À présent, où nous nous mettons en marche à tout moment, et que nous cantonnons à plusieurs reprises, la cherté de la vie est doublée, et l'on ne sait plus du tout où est passé tout cet argent quand, par la suite, on récapitule les dépenses. À la fin de la semaine prochaine, nous nous déplaçons à Phalsbourg pour un exercice de six jours, il est déjà clair pour moi, dès maintenant, qu'il s'agira d'une plaisanterie extraordinairement coûteuse.

D'après les nouvelles dispositions, aucun bagage des *Einjährige* n'est plus accepté dans le fourgon des officiers. Si à présent, il me fallait tout traîner dans mon sac, je ne pourrai emporter qu'une seule chemise propre, ce qui serait impossible avec ma transpiration qui me fait utiliser six à huit chemises par semaine. Il me faut par conséquent faire suivre mes bagages par la poste. Mais, comment ? Je n'en sais encore rien. Toujours est-il que cela coûte beaucoup d'argent. Il faut en outre que je traîne avec moi les deux uniformes complets, vu que dès à présent, après un service qui n'est que moyennement fatigant, il me faut me changer de pied en cap pour aller ne fût-ce que dans la rue. D'autre part, on ne pourvoit pas à notre logement, ce qui fait que pour le prix à payer nous sommes dépendants des gens. Nous mangerons probablement avec les officiers donc à grands frais aussi. Bref, cette affaire ne revient pas moins cher qu'un voyage d'agrément, mais considérablement plus cher. Pour le mois de juillet, mon décompte auprès de mes propriétaires est très élevé, ce qui est dû aussi aux nombreuses paires de gants à laver ; il s'élève à cent soixante-neuf marks, s'y ajoute encore autre chose, la troisième paire de bottes militaires (dix-huit marks) et les autres dépenses. Si bien, que ce mois-ci mes dépenses (exercice à Phalsbourg inclus) dépasseront probablement quatre cents marks. Ces trois derniers mois seront en tout cas les plus chers de tout le service militaire. Je me vois obligé, aussi désagréable que cela puisse m'être, de faire une demande énorme de ce genre. De demander tout de même quatre cents marks à papa pour ce mois, car au retour de Phalsbourg mes dépenses se situeront très nettement au-dessus de cette somme plutôt qu'en dessous. Mes camarades, du moins ceux que je fréquente, sont logés à la même enseigne… Mais, à présent, je vais expédier cette lettre en toute hâte pour qu'outre d'être mal élevé au plus haut point, je ne passe pas en plus pour un fou. C'est samedi matin, et, à l'instant, je trouve un télégramme envoyé par papa, qui m'a été adressé par oncle Hermann qui s'enquiert de moi. Je vais très bien si ce n'est que mon appétit (et malheureusement aussi ma soif) est démesuré et mon besoin de sommeil énorme.

*

Strasbourg, le 8 août 1884

Cher Alfred,

Aujourd'hui enfin, huit jours après que le bon moment est passé, il m'est encore permis de te féliciter pour ton anniversaire que tu as vécu, je l'espère, dans la santé et dans la joie. Cela fait presque un an que nous ne nous sommes vus, et depuis, tu as franchi diverses étapes importantes de ta vie, tu es passé dans la classe suivante à l'école, et tu es devenu un membre actif d'une grande communauté humaine de vie, celle de l'Église chrétienne. Je n'ai jamais douté et ta lettre me l'a confirmé, que depuis, intérieurement aussi, tu aies considérablement changé et évolué et que tu aies commencé à réfléchir sérieusement par toi-même à bien des choses et des questions de la vie humaine, et je te souhaite avant tout de continuer avec succès dans cette voie et de trouver ce qu'il faut pour ta pensée et tes actions, à ta propre satisfaction et à la joie de nos parents ; à présent cela ne durera plus très longtemps jusqu'à ce que nous nous revoyions, ce qui nous fournira l'occasion de parler de bien des choses que tu m'as écrites dans ta dernière lettre ; pour l'heure je ne peux pas y répondre pour la simple raison que mon temps va en se réduisant sans cesse, et que pour lire et pour écrire il me reste exclusivement les soirs qui, dans ces conditions me voient très fatigué, car le dimanche j'ai une fois pour toutes l'agréable obligation d'aller chez les Baumgarten.

Le soir de ton anniversaire où j'aurais dû m'atteler à cette lettre j'étais dans un patelin à deux lieues à l'est de Saverne, couché dans un lit puant et réchauffé par les punaises, pestant en moi – même pour passer cette nuit, au cours de laquelle je ne pouvais pas dormir malgré ma grande fatigue et le vin qu'au cours d'exercices de ce genre se boit en grande quantité. C'était le grand exercice de tir de sept jours qui compte parmi les tâches les plus astreignantes et les plus rébarbatives du service militaire, plus désagréable même que les grandes manœuvres. Il faut dire que nous avons souvent beaucoup marché, mais rarement autant, je crois, qu'au premier jour de cette promenade à savoir de Strasbourg à Saverne sur une distance de trente-huit kilomètres avec fusil et manteau etc… C'était une mauvaise plaisanterie infâme, et, d'autant plus que cette marche a commencé à quatre heures de la nuit, j'étais étonné tout de même d'avoir mieux supporté cette affaire que la plupart des autres ; d'un autre côté on s'amuse bien aussi, notamment à boire par gamelles entières, d'horribles quantités de bon vin du pays. Il est bien dommage que la population d'Alsace mette tant de mauvaise volonté à se lier avec nous et nous traite avec tant d'indifférence. Il n'y a que les mères ayant des fils dans l'armée allemande qui soient différentes. Lorsqu'un jour par exemple, au cours de la marche, mon capitaine me renvoya en arrière pour faire une commission à un détachement qui suivait, et que je l'attendais devant une maison paysanne près de Phalsbourg, la paysanne m'apporta une cuvette remplie de café, de pain et de vin et par la suite n'accepta rien pour cela, car elle pensait dit-elle, des larmes plein la figure, que si elle me traitait bien, il se trouverait peut-être aussi, là-bas en Prusse des gens pour faire de même à l'égard de son fils qui était enrôlé comme recrue. Les polacks de la Baltique et les Silésiens et les gens des autres contrées où sont stationnés des régiments alsaciens rempliront - ils les espérances de cette pauvre femme ? Qui sait ? Face à cela les gens du pays de Bade sont l'amabilité même, et d'une façon plus générale, un peuple bien plus aimable que cette ignoble canaille d'ici. Quand il y a trois jours, nous avions un exercice près d'Appenweier qui dura toute la journée : de trois heures du matin jusqu'à minuit et demi du soir, alors que nous passions rapidement, morts de fatigue, et couverts de poussière et de poudre, les villageois se précipitèrent à leur porte, et en leur tendant nos gamelles les remplîmes de lait, d'eau et même de vin sans en récolter, ni même en demander, une parole de remerciement. Dans la monotonie de la vie militaire, ce genre de chose est encore capable quand même, de vous redonner courage et de vous réjouir, et vous aide à surmonter bien des choses. Mais, malgré cela, cela fait bien longtemps que j'en ai soupé de la vie de soldat et que ne donnerais-je pour être déjà au premier octobre, même si cela me sépare aussi de quelques amis très aimables que j'ai rencontrés ici, en plus des Baumgarten. Peut-être que le semestre prochain l'un ou l'autre d'entre eux viendra à Berlin, ce qui vous donnera l'occasion de faire leur connaissance…

*

Strasbourg, le 9 août 1884

Cher Père,

Cette fois non plus, la réponse à ta lettre ne t'arrive pas aussi ponctuellement, et de loin, que j'espérais pouvoir l'envoyer. Bien que l'on puisse quand même supposer à mon propos, que je me sois efforcé de ne pas vous faire attendre une réponse, une fois de plus, plus longtemps que cela n'est absolument nécessaire, après les lourds reproches — partiellement justifiés — que tu m'as adressés dans ta dernière lettre. C'est que, pour l'intérêt de la chose, j'avais cru pouvoir vous écrire de Phalsbourg ou de Saverne où nous avons cantonné une semaine durant, mais je n'ai pas trouvé la possibilité d'y parvenir au cours des heures du soir ; après six heures, c'étaient les seules à être libres.

C'était un moment où l'on se trouvait la plupart du temps, fort démoralisé, ayant bien de la peine à se tenir droit et à ne pas s'endormir en compagnie des officiers, qui en partie, étaient eux aussi plus morts que vifs. Je m'étais représenté comme étant bien moins fatigants ces grands exercices auxquels nous nous livrons plus souvent à présent, et qui nous voient rester hors de la ville deux ou trois jours. Ils sont fatigants au point d'empêcher qu'on ne remarque combien, par ailleurs, cette vie nomade sans entraves est belle, et cette activité de camps de guerre dans les vallées vosgiennes, en partie très belles, et les petits villages d'Alsace du Nord et de Lorraine. Ce n'est qu'en y repensant par la suite, que l'on trouve que l'on avait, en somme, peu de raisons d'être de cette mauvaise humeur qui la plupart du temps, vous envahissait, et qu'on a vu bien des choses intéressantes parmi lesquelles bon nombre étaient réjouissantes : telles celles portant sur l'influence qu'exerce l'armée allemande sur une population étrangère se cantonnant dans une attitude de refus maximal. Le mauvais côté de ce peuple, c'est son horrible saleté. Il ne saurait guère y avoir de population plus répugnante que celle de Saverne. Alors que par la suite, rendu sage par le préjudice, je suis toujours allé dans des auberges, le premier jour, je me suis logé à Saverne chez un cordonnier. En rentrant le soir, mort de fatigue par une marche de plus de dix heures et bien du vin du pays, je me réjouissais, bien à tort, à l'idée du lit, car par la suite je n'ai pas pu y dormir, pas même une minute à cause de la masse de colocataires vivants, et je me vis obligé d'entendre s'égrener une heure après l'autre à l'horloge, jusqu'à ce que retentît enfin le clairon du réveil et qu'il m'ait fallu me lever pour un exercice des plus fatigants. Le transport de nos bagages se révéla être une affaire éminemment désagréable, et onéreuse, vu que, contrairement à ce qui se passait toujours d'habitude, on ne nous permit pas, sans ménagements aucun, de les faire transporter avec ceux des officiers. En conséquence, nous avons dû les faire suivre par voiture, ce qui était très difficile parce que souvent le matin, et la plupart du temps le soir d'avant, nous ne savions pas encore où nous prendrions nos quartiers le soir suivant. Si j'avais porté mes bagages dans mon sac, je n'aurais plus pu emporter qu'une seule chemise — vu ma manière de transpirer, c'était là une pensée tout à fait impossible, et comme nous étions souvent en compagnie des officiers, il fallait aussi avoir avec nous notre uniforme de sortie. Suite à cela, cet exercice nous revint anormalement cher. Les efforts au cours de ces journées étaient vraiment considérables, je ne les aurais certainement pas supportés, assez bien comme ce fut le cas, si lors de la marche, l'un des sous-lieutenants de notre compagnie (un gaillard des plus originaux et aimables ayant instauré avec moi un commerce très agréable) ne s'étais pas toujours tenu à mes côtés, pour lui aussi, il eut bien du mal avec la marche. Il n'est plus jeune, déjà sous-lieutenant en second depuis dix ans, et nous nous sommes moqués l'un de l'autre, et avons partagé nos réserves de boisson, car ce sont elles seules, qui en fait, sont importantes en tant que fonction essentielle, manger passant tout à fait à l'arrière-plan. Ma transpiration était énorme, toujours est-il qu'à ce propos, mon capitaine me présenta aux officiers comme un monstre. À présent, j'ai généralement bonne presse auprès de la compagnie de manœuvres d'officiers, et je pense que pour autant que cela dépende du capitaine, il faut s'attendre à ma promotion. Il n'y a que le sous-lieutenant de la commission d'examen qui soit désagréable et véritablement contre moi pour diverses raisons. Mais je pense que si je passe un examen acceptable, il ne pourra pas contrecarrer mes projets, ce dont il aurait assez envie par ailleurs. Aux graves reproches que tu m'as faits - et à raison - dans ta dernière lettre, je ne saurais répliquer que dans la mesure où je pense que la formulation du « manque d'égards », n'est pas applicable ici. Ce qui a causé dans ma correspondance cette pause d'une longueur singulière, ce n'était pas un manque d'égards de ma part, mais simplement mon incapacité à me ressaisir un peu pour entreprendre quoi que ce fût. Le service que par ailleurs je supporte bien physiquement, n'exerce sur moi qu'une influence : à peine arrivé dans ma chambre ; je me mets à dormir, ce qui a pour effet que la nuit, la plupart du temps, je ne parviens pas à m'endormir ; c'est pourquoi la plupart du temps, je suis outrageusement fatigué, et rompu, et j'éprouve de grandes difficultés à faire la moindre chose qui ne soit pas purement mécanique. Malgré cela, j'aurais toutefois dû trouver absolument assez d'énergie pour écrire. À propos de mes dépenses assurément très élevées, je me contenterai de dire que ces derniers temps je n'ai en aucunes manières donné dans le gaspillage inutile. J'ai vécu de façon très casanière, ne sortant que rarement le soir. En tout cas, j'ai vécu de manière plus économe qu'aux premiers temps passés ici, où je ne savais en aucune façon me restreindre. Cela n'empêche que mes dépenses soient très élevées et bien plus élevées que par le passé. Mes dépenses militaires en particulier ont augmenté sans arrêt, et la masse des passements dont j'ai besoin, par cette chaleur et par ma transpiration, font sans cesse regonfler, dans les délais les plus brefs, mon compte chez le marchand d'effets militaires.

*

Strasbourg, le 2 septembre 1884

Chère Mère,

Enfin, je réponds à ta longue lettre de Zinnowitz et en même temps à la lettre de papa de Charlottenburg. Dans ta lettre tu m'as fait des reproches très divers et très justifiés. C'était vraiment là un manque d'énergie de ma part que de me laisser démoraliser par la fatigue physique au point de ne pouvoir me ressaisir pour accomplir des devoirs aussi importants.

Pour ne pas devoir laisser peser sur moi le reproche du manque d'égards, je ne peux, en fait faire qu'une seule constatation : je ne me souviens pas d'avoir vécu un état semblable. Maintenant que les exercices sont en général bien plus fatigants, je ne suis pourtant pas aussi épuisé intellectuellement, et de loin, que lors des dernières manœuvres où il m'était vraiment impossible de me consacrer à des tâches intellectuelles n'ayant plus aucun ressort. Puis, papa m'a reproché aussi de dépenser trop d'argent en pensant que sans aucun doute c'était nécessairement là, les suites de l'inconscience et du gaspillage. Il me faut contester cela énergiquement pour le moins, en ce qui concerne le temps présent : il faut bien avouer qu'à Heidelberg je me suis beaucoup laissé vivre en faisant des dépenses disproportionnées dues aussi à mon appartenance à la corporation étudiante. Ici aussi, j'ai commencé par dépenser bien davantage et pour des choses sans nécessité dans la vie courante ; d'une manière générale j'ai géré l'argent avec assez de légèreté. Dans la deuxième moitié de mon année militaire, en revanche, je n'ai vraiment fait que très peu de dépenses qui n'auraient pas été nécessaires. D'ailleurs, j'ai encore la plus grande partie de mes factures. Je me suis aussi renseigné sur leurs dépenses auprès de mes amis, pour constater que ceux-ci dépensaient en partie autant que moi, mais, suivant les cas, aussi bien plus. Pour les trois mois de manœuvre, mes amis ici ont à leur disposition : premièrement, leur argent mensuel habituel et de surcroît deux cent cinquante à trois cents marks supplémentaires pour les manœuvres. Ce n'est pas trop d'ailleurs, si l'on considère que suivant l'ordre du corps d'armée nous n'aurons pas droit cette fois au transport de nos affaires par voiture militaire, et que, suivant le plan des manœuvres, nous arriverons sans cesse en des endroits sans liaison postale, si bien qu'il nous faudra réquisitionner des voitures.

Pour avoir quelque chose à manger lors des différents bivouacs, il nous faut tout faire suivre en provenance des localités où il est bien difficile d'obtenir quelque chose. En outre celui qui nous fait suivre cela, doit commencer par chercher l'endroit du bivouac que nous ne connaissons pas à l'avance. Dans tout cela, il faut traîner avec nous l'uniforme de sortie. C'est ainsi que pendant cette entreprise, les dépenses quotidiennes sont sensiblement plus élevées que pendant le voyage le plus onéreux. Ainsi, samedi matin tôt, nous prendront le départ pour le grand voyage héroïque. Je suis bien curieux d'en voir le déroulement. Le terrain de manœuvre principal sera la région autour de Woerth ; toute l'affaire se déroulera entre Haguenau et Sarre-Union. Suivant le plan en dehors de Haguenau, nous ne camperons que dans d'horribles patelins et je suis bien curieux de voir de quelle manière il va falloir se procurer sa subsistance. La population de cette région est très médiocre et peu coopérative. Ainsi, tu veux vraiment venir dans le Sud ? Comme je serai en manœuvre jusqu'au vingt quatre, il est par conséquent fort peu sûr que suivant ton expression tu me voies encore dans « l'uniforme du roi » (la poésie inhérente à cette expression m'est décidément passée). J'aimerais bien pouvoir déjà mettre au crochet cet uniforme. Je te prierai de donner à Clara un baiser de ma part pour son anniversaire, c'est tout ce que je peux offrir en guise de cadeau. Si papa a vraiment mis à exécution son projet de voyage, Alfred va avoir vu des choses intéressantes et s'être remis au travail avec des forces renouvelées. Cela fait longtemps que je n'ai pas été informé de ce que Karl bricole en classe actuellement, et Arthur ? Monsieur Senfte exerce-t-il sur lui le même effet discutable que Monsieur Washke - Dieu ait son âme ? Je me sens pratiquement assez bien, hormis mon appétit excessif devenu chronique.

À présent il n'est plus question de lectures ou de choses de ce genre, il me faut travailler pour l'examen d'officier. Je suis fort désireux de le passer avec succès, je n'en suis nullement assuré…

*

Strasbourg, le 23 septembre 1884

Cher Père,

Après avoir surmonté notre examen depuis samedi soir, et avoir trouvé ici hier soir, à mon retour, mon uniforme à soutaches, le signe distinctif de ma promotion annoncée à l'appel de midi, tout est enfin passé, et cette année tire à sa fin souhaitable. Les manœuvres et ce qui s'y rattache aussi riches qu'ils aient pu être en changements, et en nouvelles expériences de toutes sortes, ne constituent cependant pour moi qu'un souvenir rebutant, non pas, comme on pourrait le croire à cause des fatigues assurément exceptionnelles qu'elles ont entraînées (que j'ai bien supporté, mieux que je ne l'avais pensé et mieux que bien d'autres), mais parce qu'au cours de cette période on s'effondre tout à fait, et en tout, jusqu'au niveau d'un soldat du rang, en particulier dans l'orientation des intérêts qu'on peut avoir. Aussi longtemps que dure l'exercice tout notre intérêt se concentre sur les questions suivantes : si le lieu du combat est encore loin, puis, si on nous laisse en réserve, ou, si on avance sous le feu, puis, si notre attaque ne serait pas considérée trop souvent comme repoussée, puis, si nous arrivions enfin à l'ombre, puis, si nous trouvions enfin une flaque pour la boire jusqu'au fond, puis, si on ne sonnait pas enfin « le rassemblement ». Après l'exercice, ce même intérêt se limite à la question de savoir comment, où, et à quel prix exorbitant on arriverait à trouver un lit pour soi tout seul, si et à quel prix plus exorbitant encore, on tomberait sur quelque chose à manger. Voilà qui a épuisé mon horizon intellectuel.

Ne pouvait me dédommager de tout cela que dans une très faible mesure, le commerce avec nos officiers bien que l'un de ceux-ci, le sous-lieutenant le plus âgé de ma compagnie ait instauré avec moi des relations très aimables, et que mon capitaine aussi ait modifié quelque peu à mon égard sa grossièreté innée. Cette possibilité de dédommagement aurait déjà été un peu plus prononcée grâce aux relations avec certains camarades de ma compagnie, si dans ce domaine, les deux étudiants corporatifs (qu'on ne pouvait pas bien exclure des relations d'autant qu'au fond, c'étaient des gens tout à fait corrects) n'avaient constitué un facteur gênant par la rigidité dont nos relations avec eux étaient nécessairement empreintes. C'étaient encore les relations avec la superbe population paysanne de la région de Haguenau, Woerth et Ingwiller qui étaient pour moi les plus plaisantes. Les grands paysans de cette région, enrichis la plupart du temps par la culture du houblon, satisfont par leur niveau intellectuel à toutes les exigences raisonnables, et parlent l'allemand le plus pur que j'aie entendu jusque-là en Allemagne du Sud, notamment à la frontière lorraine ; ils sont, à leur manière, des natures enclines à la philosophie, et s'occupent avec zèle de toutes les questions du jour. L'un d'entre eux, par exemple, chez lequel je logeais et fus questionné sur le nom, la position sociale et le domicile de mon père (ce qui arrivait toujours quand ils avaient ravivé vos esprits par du cidre et du kirsch) savait pertinemment que tu siégeais au Reichstag, ton nom ayant été, je crois cité accessoirement, peu auparavant, dans un contexte quelconque dans la *Strassburger Post* de

Strasbourg[82]. C'est là en tout cas, une preuve de la minutie de sa lecture. De façon générale les gens étaient informés, au moins à leur manière, de tout ce qui se passait en Allemagne. Dans ce contexte, leurs propres vues politiques se bornent bien sûr à être de nature pratique.

Ils ne voteraient pas pour un député qui n'obtiendrait pas que leur soit rendue la chasse aux lièvres, pas pour M. Jaunez par exemple, déjà député depuis si longtemps sans même avoir réussi à faire passer cette bagatelle en leur faveur[83]. Alors à quoi sert-il ? Du temps, il en aurait eu bien assez pour ce détail. La région de la manœuvre était la Basse — Alsace et l'Est de la Lorraine, de Haguenau à Sarre-Union et la région du sud de Sarreguemines ; les marches étaient en partie colossales, et d'une façon générale et de l'aveu de tous, ces manœuvres étaient inhabituellement fatiguantes ; des trois bivouacs que nous avons supportés, dont deux en poste avancé, je garderai un souvenir fort défavorable. Toujours est-il que nous étions des plus heureux lorsque enfin au dix-neuvième jour, nous avons été casés dans un train de wagons à bestiaux se mettant en route en direction de Strasbourg. Arrivé ici, j'aurais aimé écrire tout de suite et accuser réception de l'argent que j'ai reçu (les manœuvres dans leur ensemble m'ont coûté deux cent trente marks) si ce n'était que l'examen débutait le lendemain matin et qu'au cours des manœuvres j'avais perdu à peu près toutes les connaissances nécessaires. C'est ainsi, que commença un bûchage zélé, puis un drill, bien rebutant dans son genre lui aussi, qui n'a fini que samedi soir. Dimanche, oncle Hermann a donné pour moi un repas d'adieu avec quelques messieurs que je connaissais par son cours, et le soir, comme je l'ai dit, j'ai trouvé ma promotion au rang

[82] Strassburger Post : Journal de Strasbourg

[83] Edouard Jaunez (1834 – 1918) Député protestataire lorrain au Reichstag de 1877 - 1890

de sous-officier avec qualification pour le statut d'officier de réserve. Dès aujourd'hui, j'ai reçu rédigés sous une forme assez primaire les compliments de mon capitaine portant sur ma présentation et ma conduite irréprochables en dehors du service, ce qui devait délicatement faire allusion au fait qu'en service je ne déplaçais pas des montagnes. Cependant, mon examen est enregistré avec la mention *summa cum laude (*avec la plus haute louange). Mercredi après-midi, nous allons enfin déclarer notre départ pour rejoindre le corps des réservistes. Un jour, dont il y a onze mois, je ne rêvais qu'au cours de nuits sombres, ne croyant guère que je le vivrais. Dieu merci, on n'est volontaire pour rejoindre l'armée qu'une fois dans sa vie.

Avec mes salutations cordiales

Ton fils Max
Sous – Officier,
sursitaire volontaire pour encore vingt-quatre heures

PRÉPARATION AU GRADE D'OFFICIER DE RÉSERVE

*

Strasbourg, le 15 mars 1885

Cher Père,

Enfin, je suis en mesure de rédiger le compte rendu promis de mes expériences vécues jusqu'à présent, après avoir passé deux semaines fort fatigantes remplies de services assez ennuyeux ; toujours est-il que c'est déjà là presque un tiers de toute cette corvée. D'ailleurs, je ne saurais que constater qu'à présent cette affaire me plaît bien mieux qu'au cours de mon année de service, à la grande satisfaction de Zimmerman qui, de son côté, fait à nouveau preuve d'un empressement au service vraiment touchant. À présent, on se trouve dans une situation différente à tout point de vue de celle de jadis, et si comme je l'espère en toute bonne confiance, je suis promu, dans deux à trois semaines, alors se fera sentir à mes yeux, outre le côté utile, le côté « agréable » de l'institution militaire. À présent d'abord le compte rendu.

Dans les voyages sur billet militaire j'ai tout de même trouvé un accroc très sensible. Je me suis, certes fort bien amusé pendant le trajet, mais cette histoire a tout de même un peu trop duré en vous brisant les membres, et à cause des frais de restauration plus prononcés, les frais étaient sensiblement les mêmes que pour un voyage en train rapide. Au début, nous avons joué au skat avec beaucoup d'endurance, ne nous interrompant que lors des pauses bières extraordinairement nombreuses. À Nordhausen, nous avons eu quatre heures et demie d'arrêt, et, suite aux pauses sus – nommées, nous nous sommes mis au lit. Je devais dire à maman de la part de Zimmermann que cette idée qu'il trouvait « très raisonnable » émanait de lui. L'après-midi du jour suivant nous sommes allés à Heidelberg dans l'auberge du « Ritter », nous avons déambulé durant le reste de cette journée et étions, le soir, en compagnie de la corporation des « Alemannen » qui se porte assez bien à présent, le jour suivant, mes compagnons sont allés au château, et, pour ma part chez les Hausrath[84][85]. L'atmosphère y est assez glauque. La tante était aimable comme toujours, mais ses yeux trahissaient la tristesse et l'abattement vu qu'à cette époque, il était déjà assez certain que les Benecke allaient vendre. Oncle Adolf est fort pressé d'arriver à la conclusion définitive de l'affaire.[86]Parmi les enfants, je n'ai pas vu August, il est prévu qu'il aille à Bonn pour trois semestres, mais c'est devenu incertain, car récemment il a oublié d'accrocher un volet, qui par la suite, a été endommagé par la tempête, et mon oncle pense que l'on ne peut pas laisser partir un homme aussi peu digne de confiance…

Éclairé par le soleil de fin d'après-midi, le château de Heidelberg se trouvait de l'autre côté, égal à lui – même, dans sa beauté, et, tout autour les arbres portaient la première verdure assez timide, mais dans mon for intérieur, je ne pouvais m'empêcher d'essayer de me mettre à la place de ma tante dont les yeux se porteraient sur toute cette beauté s'offrant à elle. Ma tante était pleine

---

[84] Oncle et tante de Max Weber de Heidelberg

[85] Max Weber a appartenu à la fraternité des Alemanen

[86] Les femmes Benecke, et Baumgarten, sœurs de la mère de Max Weber voulaient vendre la maison de Heidelberg qui était une propriété familiale.

de gratitude pour Channing, elle ne le connaissait pas. Vers le soir, nous avons quitté Heidelberg. À Karlsruhe, j'ai profité d'une étape de trois quarts d'heures pour aller voir oncle Julius qui allait fort bien[87].

J'ai eu de la malchance quant à la compagnie, et suis tombé justement sur la plus mauvaise, ou à peu près, avec un capitaine très désagréable, et un adjudant très onéreux. J'ai un service étendu à faire enrager, mais à présent le capitaine est assez aimable vu que je semble lui donner l'impression de faire des efforts, ce qui en un certain sens est aussi vrai… Emmy a séjourné à Waldkirch et n'est toujours pas bien rétablie, mais elle fait preuve d'un bon humour, elle a tout de même causé de graves soucis à ma tante. Mon oncle est venu à ma rencontre jusqu'à la porte et m'a accueilli avec une amabilité telle, que d'un côté, j'en ai été touché, et de l'autre, il me faut l'avouer, très flatté, et ce avec raison. Il me fit immédiatement asseoir dans son fauteuil, et les choses commencèrent : « Dis-moi, pour l'amour du Ciel que pense-t-on chez vous de… etc." Ce fut d'abord le tour des taxes sur les céréales, puis celui du contenu intellectuel de l'actuelle fraction nationale libérale au Reichstag, et il prétendait à son sujet qu'elle n'était composée que de nullités, faisant cette allégation assez véhémente à propos de Monsieur Bennigsen dont il disait qu'il avait constitué le numéro 1 devant ces dites nullités, et qu'à présent, oublieux en quelque sorte de son devoir (il ne voulait pas qualifier cela différemment), il se rendait coupable. Puis, il était avec raison — bien en colère contre Marquadsen qui n'avait pas réagi à sa lettre portant sur l'affaire que l'on sait ; puis il vida son sac sur la politique étrangère dans la mesure essentiellement où il attaqua sévèrement la politique de Bismarck à l'égard de l'Autriche. Ce faisant il s'appuyait sur les indications de quelques messieurs autrichiens qui lui avaient fait un

[87] Julius Jolly, beau frère de Herman Baumgarten

compte rendu détaillé de la situation dans leur pays et l'avaient assuré notamment que suite à la nouvelle réglementation linguistique, l'armée autrichienne se trouvait dans un état de confusion simplement étonnant, et qu'elle s'y trouverait d'autant plus que dureraient les choses. Ces messieurs concernés, avaient affirmé que la majorité de leurs amis politiques avaient secrètement la ferme conviction que l'intention véritable, mais cachée, de Bismarck était l'écrasement et la dissolution de l'Autriche. Il attribua son attitude à l'égard de l'Angleterre à une vieille aversion personnelle. Des conversations qu'avaient eues entre eux les divers princes avec lesquels il avait été convié à un repas chez Manteuffel (il en sera question dans un instant) il avait déduit que Cumberland serait à Brunswick en automne[88]. Bismarck ne pouvait pas imposer ses vues cette fois. En politique intérieure, il était encore plus pessimiste naturellement. Les Nationaux libéraux du Reichstag lui semblaient tout simplement pitoyables. Mais, c'est avec satisfaction que je constate qu'il n'était cependant pas aveugle, non plus à l'égard de toute cette manière agitée qu'ont les Libéraux de mener leur politique. Il ne formula que peu de réserves à ce propos, acquiesçant de façon générale aux affirmations qui ne voient dans ces derniers que des suppôts de Bismarck, et dans des gens tels que Rickert etc… un cas de perte d'autonomie à l'égard d'Eugen Richter et dans leur manière de gérer les choses, une inconscience frivole frôlant les pires coups du gouvernement. Le point central était bien sûr l'affaire Schweninger[89], et à ce propos il tenait à une condamnation absolue des nationaux libéraux qui même s'ils ne voulaient traiter cette affaire qu'en tant que question budgétaire (ce qui était bien regrettable)

---

[88] Le fils du roi de Hanovre détrôné en 1866. En 1885, le Prince Albert de Prusse accepta la Régence de Brunswick

[89] Médecin personnel de Bismarck, conflit avec le conseiller aulique Dubois

auraient dû cependant, vu que la discussion s'offrait, faire état de leur point de vue en qualité d'hommes de bien, et non d'hommes politiques. Rarement, dit-il, semblable coup n'a été porté à la science. Pour finir il versa la pleine mesure de sa colère sur le « gros Althoff »[90] qui récemment lors de sa présence ici doit avoir accompli des choses étranges.[91]

À présent la bombe principale : c'est avec étonnement que j'ai appris, il y a une semaine et demie chez les Benecke que mon oncle devait souper chez le gouverneur samedi en huit. Ce dernier, lui ayant écrit une longue lettre dans laquelle il le priait de faire une exception et de venir chez lui, vu qu'il fêtait l'anniversaire du Prince de Hohenzollern, un étudiant de mon oncle, c'est-à-dire à titre purement honorifique. Mon oncle n'avait pas pu faire autrement que d'accepter[92]. Dimanche après-midi, je suis allé chez les Baumgarten, à ma question mon oncle se contenta de dire : « oui, tu sais, tu sais… ». Pour ensuite se rendre à l'étage pour travailler comme toujours. Le soir il descendit, prenant désormais la chose avec humour après qu'une légère indigestion était passée. J'ai bien ri, et lui aussi, pour finir, de la colère avec laquelle il raconta alors que quelques heures avant qu'il ne se rendît chez Manteuffel, l'intendant du Prince de Saxe était monté jusqu'à lui, portant une grande boite contenant la croix de Commandeur ! (mon oncle esquisse là un signe d'exclamation) qu'ensuite, il a harcelé son tailleur pour savoir comment il fallait porter « la bête », que toute la journée était allée au diable etc… Naturellement il était fort en colère contre Manteuffel assurant avoir l'intention

---

[90] A l'époque, conseiller, rapporteur au Ministère Prussien de l'Education et, plus tard, Directeur au même ministère.

[91] La nomination du médecin de famille de Bismarck, hostile à l'exercice scientifique de la médecine à une chaire à l'Université de Berlin

[92] Jusqu'alors, Baumgarten avait décliné toutes les invitations parce qu'il n'était pas d'accord avec la politique de Manteuffel.

de devenir très brutal si ce dernier s'imaginait l'avoir pris au filet. Il ajouta que ce vieux monsieur était physiquement fort caduc, que par ailleurs, on l'avait placé (H. Baumgarten) surpassant tous les ministres, entre le Prince de Saxe et le colonel saxon d'ici, ce dernier lui ayant plu. Ce qui m'a bien fait rire, c'est aussi son récit de la question posée au Prince de Saxe : « Alors *rara avis*, on vous voit pour une fois » [93]? Que faites vous en somme ? Ce à quoi celui-ci a répondu qu'il se rendait beaucoup à des chasses auxquelles il lui fallait prendre part, et par conséquent peu à Strasbourg. Ce à quoi mon oncle répondit : « eh bien j'ose espérer, dans mon intérêt que votre grand – père ne vous examinera pas un jour en histoire. » Sur ce, l'autre fit remarquer dans un sourire qu'il veillerait à ce que cela n'arrive pas, et mon oncle d'exprimer son regret à ce sujet. Ce soir, le voilà invité chez le Prince en question, et il crut devoir accepter l'invitation parce que justement il lui avait dit les choses ci-dessus. À ce propos, il me vient encore, à retardement, que mon oncle m'a raconté aussi qu'il s'était volontiers fait attribuer le toast porté à Bismarck lors du banquet, ayant même participé en personne à son obtention, afin qu'un autre ne le porte pas dans un sens différent. D'ailleurs il a cosigné l'appel au don pour Bismarck. Il m'a dit qu'il éprouvait un grand respect pour cet homme - et que c'était uniquement notre propre faute s'il causait autant de malheur, car nous étions des quantités négligeables. Les derniers discours de Bismarck au Reichstag ont naturellement suscité un grand enthousiasme parmi les étudiants d'ici, dans tous les cafés l'on entendait aux différentes tables d'habitués, et l'on entend encore mener les débats les plus vifs à ce sujet, et tous vous tombent dessus à bras raccourcis si vous demandez pourquoi Bismarck oublie constamment qu'il a

[93] Rara avis : oiseau rare, locution latine

lui-même nourri l'esprit des partis et brisé le « printemps des peuples » ; mon oncle pense tout simplement qu'il est un fin matois. Il y a cependant une grande force dans ce que dit Bismarck.

*

Strasbourg le 29 mars 1885

Chère Mère,

En punition vraisemblablement de mon long silence avant ma dernière lettre, vous semblez vraiment avoir l'intention, cette fois, de vouloir m'accabler profondément de votre mépris et de votre oubli, car cela fait bel et bien deux semaines que vous ne vous êtes pas manifestés. Je suppose cependant que le grand dîner entre messieurs, dont tu écrivais dans ta dernière lettre qu'il était imminent, n'a d'aucune façon été le dernier dans son genre. En outre, le remue – ménage de l'agrandissement (de la maison) a peut-être commencé, si l'on est vraiment parvenu à une décision, dans ce sens.

Je serais bien curieux d'apprendre quels bulletins mes frères et sœurs ont rapporté et comment s'organisera votre vie en été pour le cas où les éventuels travaux de construction vous chasseraient totalement de la maison... Chez les Baumgarten tout va bien. À partir du lundi de Pâques toute la famille est, une fois de plus, rassemblée, ici, et ma tante est très contente à l'idée de la vie avec ses « trois filles ». En somme, elle s'étonne, comme elle dit, de voir combien ces trois s'entendent bien, et en particulier, quelle tournure agréable et dénuée de toute difficulté, ce qui était déjà le cas auparavant, avait déjà pris la relation entre Emmy et Anna. En général, et comme cela a toujours été le cas, Anna est silencieuse et réservée, avec une aversion aristocratique dirai-je, pour tout ce qui, du point de vue de la forme, ne se tient pas dans les limites d'une austère modération, et en particulier pour toute amabilité qui s'impose, comme je l'ai déjà remarqué à plusieurs reprises. Elle est très indépendante quant à ses vues, et, il n'est pas inintéressant pour moi de m'entretenir avec elle. Il y a plusieurs années déjà, j'ai remarqué un jour son tact instinctif particulier, et son sens très nuancé de ce qui se passe chez autrui, deux éléments pour lesquels elle est décidément fort en avance sur son âge. De ce fait, c'est une toute nouvelle espèce d'élément qui prend vie dans la maison, car autrefois, lorsqu'elle est partie, elle était encore trop dépendante et réservée pour exercer quelque influence. Fritz est toujours le même, hormis sa barbe qui peu à peu devient correcte. Il est toujours de la même amabilité et franchise, allant souvent jusqu'à produire l'impression qu'il se sous-estime fortement ; souvent, il me semble qu'il force à dessein ses sentiments et ses pensées à emprunter la voie la plus simple qu'on puisse imaginer pour leur conférer une forme des plus puériles.

Mon oncle est à nouveau très irrité quant à l'utilisation du fonds Bismarck, et c'est vraiment là une histoire des plus déplaisantes. En effet qu'on en pense ce qu'on voudra, mais toujours est-il qu'aucun d'entre nous ne voudrait accepter un cadeau personnel à propos duquel il sait qu'une partie des donateurs ne sont pas d'accord avec l'utilisation du don, et auraient préféré utiliser l'argent à autre chose, regrettant par conséquent ce cadeau[94]. Il me semble qu'à ce propos mon oncle a raison tout de même

[94] Il s'agissait de l'utilisation d'une partie du don s'élevant à plus de deux millions de marks à l'occasion du 70ème anniversaire de Bismarck, don destiné au rachat d'une part jadis vendue, du domaine familial de Schönhausen

en disant qu'en fait cela apparaît aux yeux « des hommes actuels dans leur splendeur » comme une manière bourgeoise de ressentir les choses, le véritable gentleman, le seigneur féodal, passant outre. Quelles que soient les circonstances, il est triste tout de même, de voir tant et tant de gens, des étudiants surtout, trouvant tout à fait naturel que l'on accepte un tel cadeau sans autre forme de procès, voire qu'on ne l'empêche pas de toutes ses forces, car il n'est pas souhaitable, en tout cas, que cette manière de ressentir les choses, propre aux hobereaux, soit considérée comme normale parmi nous autres communs des mortels. Ici, bon nombre des plus fervents partisans de Bismarck ont tiédi d'un coup : « *Sic transit gloria mundi*[95] », du moins dans les crânes des étudiants allemands. Par ailleurs, ma situation ici était difficile, car ici, les tempêtes d'indignation poussent comme des champignons, et l'on attend impatiemment de voir le Reichstag prendre éventuellement, dans les quelques jours qui suivent, des mesures « infâmes » du même genre, pour déverser éventuellement, à chaque fois, sa colère patriotique sur le fil télégraphique relié à Berlin, Wilhelmstrasse, et ce, en provenance d'x tables d'habitués dans d'innombrables brasseries, c'en est vraiment totalement dément. Je connais ici des gens qui, le soir, quand ils faisaient la tournée des brasseries, étaient plus fiers à chaque nouvelle chope d'être des bismarckiens « *sans discours* » comme ils disaient, même à moitié somnolents, ils murmuraient encore *« sans discours »*, cette dernière expression est la dernière mode ici et passe pour être un qualificatif estimable[96].

Mes relations ici sont assez étendues, c'est-à-dire pourraient l'être si, jusqu'à présent du moins, le service

---

[95] Ainsi passe la gloire du monde

[96] L'expression utilisée dans le texte en français est : *sans phrase*, elle avait aussi cours au Reichstag, elle évoque un soutien indéfectible

dans ma compagnie, mauvaise à faire pitié, ne m'avait laissé de libres que les heures entre une et deux, et après sept heures. Le zèle de Zimmermann, comme je le remarque accessoirement, s'est considérablement refroidi, se situant presque au niveau du mien qui, lui, a beaucoup augmenté, car, à présent la chose me plaît et, si je n'avais rien d'autre à faire, les choses pourraient continuer ainsi encore longtemps. Je passe indubitablement pour un bon soldat et mon capitaine semble extraordinairement satisfait de moi et convaincu de mon niveau d'ardeur inconditionnelle au travail ; hier, il m'a rendu ma visite, parlant de la façon la plus flatteuse de mon excellente formation etc… « *Timeo Danaos et dona ferentes* »[97]. Pourrais-je dire, toutefois, *mutatis mutandis* à ce sujet[98]? Mais il semble parler sérieusement, nous attendons quotidiennement notre promotion qui, cette fois, se fait bien attendre…

Mais ce sont de bien tristes nouvelles que vous m'avez écrites là, en particulier celles qui concernent l'école. Ne faut-il pas que Karl réussisse d'abord un examen assez difficile avant de pouvoir être accepté comme interne ? Il est vrai que, contrairement à d'autres lieux, et malgré les coups pendables qui y sont perpétrés, la discipline à Joachimthal passe pour être si ferme qu'à moins d'être pris dans de très mauvaises fréquentations, il sera obligé de travailler. La confirmation peut bien attendre un peu, n'est-ce pas ? Ou veux-tu confier cette *tabula rasa* à Monsieur Schultz dès maintenant ? Il est bien possible que les concepts de l'appartenance à la paroisse, qui lui font indubitablement défaut, apparaissent en peu de temps, grâce à la fréquentation régulière de l'église à Joachimsthal si les amusements auxquels la jeunesse

---

[97] Je crains les Grecs, et encore plus leurs cadeaux, Virgile, l'Enéide (II, 49). Il fait allusion au cheval de Troie

[98] Mutatis mutandis : Une fois effectués les changements nécessaires

scolaire se livre, à de telles occasions, ne l'empêchent pas de les atteindre. De cette manière, on peut au moins le voir le dimanche, et observer quelle impression il fait, et comment il supporte cette situation nouvelle. Je te prie de féliciter Alfred pour son passage dans la classe supérieure ; le voilà qui atteint les hautes sphères de l'école, où les choses dont on est occupé et la manière dont on s'occupe d'elles sont telles, qu'on s'y consacre non seulement parce qu'il le faut et parce qu'on sait qu'on a intérêt à les savoir, mais aussi pour son plaisir propre autonome qu'on trouve dans l'attrait singulier des études véritables. De cette façon, c'est une période très positive, et en particulier on y dispose de beaucoup de temps pour tant de choses dont on ne comprend plus par la suite pourquoi, en somme, on ne trouve plus le temps de s'y consacrer.

Ainsi, en fin de compte, la transformation de la maison se fera tout de même selon le plan de la plus grande envergure. Je n'avais plus envisagé cela à présent, vu qu'en tout cas cela sera fabuleusement onéreux, en particulier aussi par suite des obligations de représentation accrues qu'impose, je pense, une telle maison agrandie. Quelle animation ce sera en hiver dans la maison quand, ce que je vois arriver dès à présent, on instaurera de nouveau dans les familles, des cours de danse tournants qui, à ce moment-là, se déchaîneront chez nous aussi.

Moi-même, je vais fort bien ici, comme je l'ai déjà écrit, et je suis satisfait de mes logeurs. La vie militaire a été fort fatigante ces jours derniers, mais se trouve être très agréable à présent et non dénuée d'intérêt. Comme je l'ai déjà dit, mes supérieurs sont manifestement très satisfaits de moi - Dieu merci, mon capitaine ne m'a pas encore vu à l'œuvre en gymnastique, et tout le fatras restant, je finis par le maîtriser à peu près. En général, le comportement des jeunes officiers est aimable et empreint de camaraderie. Mon capitaine a pensé que je n'avais qu'à considérer ces huit semaines comme une cure thermale, et il a raison. En effet j'ai déjà maigri de trois trous de ceinturon, je suis devenu si svelte que le personnel ne pense plus à me compter au nombre des personnes corpulentes. Mon capitaine est très satisfait de pouvoir régler sur moi la disposition de la compagnie, car auparavant dit-il, mon ventre faisait toujours obstacle, causant toute cette « maudite saloperie » dans la compagnie.

À l'anniversaire du roi, nous avons eu un bal, c'est-à-dire que dans une baraque du casernement a eu lieu une beuverie à la bière accompagnée de musique de danse (sans dames). Les soldats dansaient entre eux, j'étais, je ne sais si cela tenait à ma silhouette gracile, très apprécié comme dame pour les officiers de la compagnie, et, trébuchant en dansant dans le rôle de dame dans lequel je m'entendais mal, j'ai serré fort malencontreusement contre le mur, lors de la valse, notre sous-lieutenant, très gracile et juvénile, au point qu'il s'est mis à saigner du nez. Et, c'est ainsi que c'en était fait de ma féminité passagère. Aujourd'hui, le premier avril, il ne se passe absolument rien ici, vu que Manteuffel a fait en sorte que la retraite aux flambeaux dont tous les préparatifs avaient été entrepris à grands frais soit interdite à la dernière heure[99]. Ici, tout le monde est hors de soi, l'on croit que Manteuffel a fait cela parce que seuls les souverains ont droit à la retraite aux flambeaux en de telles occasions ou pour d'autres raisons ineptes du même genre.

---

[99] Le soixante dixième anniversaire de Bismarck

DEUXIÈME PÉRIODE D'OFFICIER DE RÉSERVE

*

Strasbourg, 19 février 1887

Chère Mère,

Ma lettre promise s'est vraiment fait attendre au point que même en guise de réponse à ta lettre la plus récente, elle arrivera fort tard. Au cours de ces dernières semaines nous avons été très sollicités ici, vu qu'avec l'appel des réservistes, les différents cadres ont augmenté jusqu'au double de leurs effectifs en temps de paix.[100] C'est ainsi que l'on se retrouvait en effet avec un service d'une journée entière du matin 7 heures au soir 7 heures 30 avec des interruptions. Puis, si je n'allais pas me coucher très tôt, je me suis d'abord allongé un peu pour sortir dîner par la suite, restant souvent fort tard en compagnie des officiers d'active et de réserve qui pour la plupart étaient très agréables : les derniers nommés étaient 30 à avoir été appelés au 47e régiment[101]. Le dimanche non plus il n'était pas possible de créer une situation favorable à la

[100] Du 30 Janvier au 26 mars 1887, Max Weber a été appelé à un exercice militaire à Strasbourg (dossier militaire personnel de Max Weber, GLA, Karlsruhe 456 E N°13719). C'est là qu'était stationné depuis l'annexion de l'Alsace son régiment, le 2° régiment d'infanterie de Basse Silésie N° 47 dont il faisait partie dès le départ jusqu'à la fin de ses périodes militaires.

[101] Au vu de la situation tendue du point de vue de la politique extérieure, le 7 Février 1887, plus de 70 000 réservistes ont été appelés à un exercice de 12 jours avec le nouveau fusil à chargeur (Schultheiss, 1887, p 78)

correspondance ; je crois que l'après-midi, si je n'étais pas allé dans notre famille, je me serais tout simplement endormi, et dans la matinée j'étais de service les deux fois, la première fois sous forme de visites officielles auprès de mes supérieurs nouvellement mutés ici, la deuxième fois sous forme de présence à l'office catholique d'ailleurs.

À cette occasion, dimanche il y a 15 jours, j'ai d'ailleurs entendu un sermon très intéressant et d'une façon générale un office intéressant à l'église Saint Étienne ici. L'office débuta par une courte introduction musicale et une strophe chantée par le chœur de l'église. Puis, un sermon sur la parabole connue des travailleurs dans la vigne de la dernière heure. Ce dernier était d'une tenue extraordinairement proche des gens et à la portée de tous, sans même frôler de dévotes platitudes, mais au contraire direct et concret tout en étant bien pensé du point de vue de la dialectique. Si bien que c'était un plaisir de reconnaître le travail intellectuel. Du point de vue de la logique, bien des choses étaient surprenantes, en particulier pour quelqu'un qui est familier des déductions et des enchaînements de la pensée protestante. Le raisonnement était le suivant : les travailleurs ayant le moins œuvré obtiennent le même salaire que ceux qui en ont fait le plus — c'est que l'important n'est pas ce que l'on fait (comme le montre aussi le contraste entre les sacrifices de Caïn et d'Abel), mais dans quel esprit on le fait — c'est ainsi que, poursuivrait un prédicateur protestant — en revanche, la suite fut : mais que l'on soit en possession de la grâce divine, passant aux yeux du Seigneur pour un juste, ce qui n'est pas le cas de Caïn. Mais cette grâce doit s'acquérir, et seul l'amour y contribue. Cf *(et même si j'avais une foi à transporter les montagnes etc...)* ce dont il ressort que même la foi n'y suffit pas. Puis ceci fut fort habilement expliqué à l'aide d'exemples concrets en renvoyant en permanence : d'un côté, à la stérilité de la foi inerte, de l'autre à la malédiction de l'action, si forcée fût-elle, de celui qui n'a pas gagné la Grâce. Tout le sermon habile et percutant dura environ 20 minutes, la lecture du texte incluse (en allemand, d'après une traduction qu'au premier instant je pris pour celle de Luther, vu que dans son expression elle s'en rapprochait beaucoup), puis, suivit une liturgie de plus d'une demi-heure accompagnée de chants allemands. Le tout m'a beaucoup intéressé, et de façon générale, m'a parlé aussi et tout particulièrement, comme je l'ai dit, le sermon, c'est-à-dire pour la manière dont on s'est penché sur des situations individuelles et l'habileté avec laquelle ce sermon était adapté et conforme aux idées des soldats. Toujours est-il, qu'il y avait là une forte distance avec le pasteur militaire d'ici, qui en son temps a parlé de la présentation au temple et, ce faisant a scindé le vieux Siméon en deux parties, à savoir : l'enfant dans les bras (1), l'espérance dans son cœur (2) ; le tout suivi des habituels éléments de sentimentalité.[102]J'ai rapporté ceci de façon aussi détaillée parce que j'ai pensé qu'en fin de compte cela t'intéresserait plus tout de même que des choses militaires.

De ces dernières, il n'y a d'ailleurs pas grand-chose à dire si ce n'est que nous sommes contents d'être débarrassés des réservistes et du service strict qui leur est lié, et contents en outre du bon déroulement de l'exercice. Ces gens, tous originaires de Haute — Alsace étaient d'une bonne volonté peu commune, des soldats d'une excellente formation qui à l'exercice et au tir avec les nouveaux fusils, étaient meilleurs que les anciennes troupes. Lors de l'appel, il ne manquait pas un seul homme et il n'y eut pas de punition : ces deux derniers

[102] Il s'agit de Siméon, le prophète, qui a reconnu en Jésus le Messie annoncé (Luc 2, 25-35) que Marie et Joseph avaient amené au temple peu après sa naissance,

faits étaient tout particulièrement inattendus au vu de l'effervescence sans exemple et ridicule dirait-on, s'il ne s'agissait pas de choses aussi graves qui régnaient dans la région. Au vu aussi des rumeurs monstrueuses qui, il y a peu encore coutume de circuler ici : telles que - une grande mutinerie à Metz, un assassinat d'officiers, une conjuration de la Ligue des Patriotes, le minage des forts de Metz, une réglementation draconienne et des arrestations de masse dans les districts frontaliers, la désertion de compagnies entières passées à la Légion étrangère, la mise en œuvre imminente de cours martiales et toujours, à l'arrière-plan, la guerre inévitable[103]. Exceptions faites des extravagances de la campagne électorale d'ici, où on en est venu à ce que le bas clergé déclare ouvertement que le septennat est une question purement laïque, que le coadjuteur de l'Évêque exprime publiquement par voie de presse son regret quant à cette conception, et que le gouverneur, l'Évêque, les directeurs de districts et d'autres personnes promulguent des manifestes électoraux officiels ; à part tout cela, la situation s'est un peu calmée. Il y a de cela quinze jours environ, on en était au pire de la situation.[104],[105][106]

---

[103] La ligue des patriotes fondée à Paris en 1882 voulait prendre sa revanche sur la défaite française de 1870.

[104] le Reichstag avait été dissout et de nouvelles élections ont été proclamées le 21 Février 1887 en Alsace. Le septennat fut au centre de la campagne électorale. L'Abbé Simonis était député sans étiquette de la circonscription Sud d'Alsace -Lorraine (Ribeauvillé) et faisait partie des adversaires déclarés de l'annexion de l'Alsace-Lorraine par l'Empire allemand.

[105] Le Prince de Hohenzollern Schillingfürst appela à élire « des députés calmes et conciliants » reconnaissant sans aucune réserve le traité de Paix de 1871 et garantissant à l'Empire allemand les moyens de la conservation durable d'une armée forte (cf Schulthess 1887, p 83)

[106] Selon le Frère Médard op cit p 90

« D'septenat meubla les conversations des veillées jusqu'en 1914… Je me souviens encore avec quelle verve mêlée de moqueries on nous expliquait comment dans notre arrondissement d'Erstein, les électeurs avaient mis Bismark en rage en votant pour le Dr Siefermann et en envoyant paître le

Tous les forts furent soudain occupés par des officiers, ce qui n'était plus arrivé depuis 1870, murés toutes les nuits, à l'eau chaude en cas de gel ; sans arrêt des voitures portant des « cônes de sucre » » et des pièces d'artillerie d'un format énorme quittaient bruyamment la ville ; le bureau des subsistances accueillait quotidiennement des douzaines de chargements de conserves, et il fut ordonné aux officiers de réserve de se procurer un équipement de guerre, suite à quoi je me suis procuré au moins quelque chose, mais il en alla comme lorsqu'on emporte un parapluie, le jour suivant, le temps était au beau, les travaux de nuit furent arrêtés etc...[107]Ce sont les marchands d'effets militaires qui s'en trouvaient le mieux ; auprès du représentant local de l'association des officiers il y eut en ce jour particulièrement sombre pour plus de 9 000 marks de commandes d'objets de mobilisation. Parmi les immigrés allemands, le remue-ménage battait son plein. À propos d'un grand nombre de professeurs, il était connu qu'ils avaient loué des appartements au pays de Bade. D'autres bourrèrent leur garde-manger de conserves etc... À Metz des mesures énormes auraient été prises du côté des militaires. Celui qui voyait ce qui se passait ici, ne pouvait en fait avoir l'idée qu'on mettait les gens dans un état d'esprit abominable à des fins électorales. En ce qui concerne les élections, Kablé va sans doute vraiment connaître un échec.[108]Si seulement le jour des élections était déjà passé, cette agitation mensongère et la référence à l'autorité papale finissent par être trop

---

député gouvernemental Zorn von Bulach.... Les Mulhousiens pleins d'humour chantèrent dans la rue :

Si l'on vote Schmitt, ce sera le coup de pied

Si l'on vote Mieg nous seront Allemands toute notre vie !

Mais si nous votons Lalance ce sera : Vive la France ! »

[107] Cône de sucre : dans le langage militaire : engins balistiques lourds, grenades

[108] Jacques Kablé, député du Reichstag depuis 1878 pour le Parti alsacien de protestation fut réélu dans la circonscription d'Alsace-Lorraine (Strasbourg)

rebutantes. Naturellement, oncle Hermann en était profondément ulcéré, mais pas aussi énervé en somme qu'on aurait pu le croire après des expériences passées. La famille est d'un commerce joyeux et agréable dans sa maison. Je tiens à me louer moi-même *a priori* en disant qu'une fois j'ai failli danser, et je l'ai vraiment fait une autre fois, et je danserai à nouveau ce soir. Il y a 15 jours, je me suis même rendu avec cinq jeunes dames au casino civil d'ici, en qualité de gardien de la sécurité, ce qui a fait sensation dans le corps des officiers. Il est étrange mais vrai, qu'ici les relations et la conversation avec les jeunes dames sont bien plus faciles qu'à Berlin, comme j'ai à nouveau eu l'occasion de le constater très récemment, dimanche dernier chez les Benecke ; jusqu'à nouvel ordre j'impute cela aux dames. Tout ici baigne dans le bien-être. Hier, quand je suis allé prendre le thé chez les Baumgarten pour souhaiter un bon anniversaire à Emmy, Laura qui auparavant était couchée pour cause d'asthme, était à nouveau rétablie. Elle parle déjà beaucoup de son séjour américain ; j'ai trouvé qu'on pouvait s'entretenir très librement avec elle de bien des choses que jadis elle considérait par principe et exclusivement sous leur aspect moral. Toujours est-il que son départ sera un grand soulagement vu que son antipathie, d'ailleurs réciproque, à l'égard d'Anna, est presque une calamité, et que mon oncle, très souvent, perd patience, plus en fait que jadis, lorsque le séjour définitif de Laura passait pour convenu et qu'il était résigné en quelque sorte. Sans doute as-tu appris en provenance de Heidelberg comment vont les choses là-bas, ma tante semblait avoir meilleure mine que cela n'était le cas jadis, et mon oncle était fort jovial, ce qui, par ailleurs, était rarement le cas tout de même ; il se sentait à l'aise, exprimant sa grande satisfaction quant à Hans, mais très fâché quant à August, ce qui est bien grave parce que cela peut mener à des scènes désagréables blessant ma tante.[109] [110]August en effet semble plus dénué d'énergie que l'on n'aurait cru, tout en faisant preuve d'une arrogance sautant aux yeux de façon désagréable. Tante Betty — a-t-elle écrit entre-temps ? Ils avaient grande envie de venir, ma cousine surtout s'en réjouissait fort à ce qu'il me semblait. J'ai pensé devoir leur recommander le mois de mai, c'est bien là qu'il est le plus agréable d'être à Berlin. Schellhass allait très bien, comme je crois l'avoir déjà écrit ; à l'instant il me fait parvenir une pile de discours électoraux, tous pour et contre Bulle à Brème, des lettres ouvertes et autres éructations du même genre en vogue actuellement. Passons à présent aux réponses aux questions de ta lettre. L'élargissement des cols de chemise (ou plus exactement le déplacement des boutonnières serait très souhaitable) ; il est inutile de faire suivre du linge, j'en ai suffisamment. J'ai parlé de la tombe avec ma tante, à l'époque elle n'avait pas les factures sous la main, et depuis j'ai oublié de revenir sur le sujet, mais je le ferai ce soir. La confirmation chez les Hausrath, dont j'avais oublié de parler a lieu comme tu as dû l'apprendre entre-temps, le dimanche avant les Rameaux.[111]

Dieu merci, les nouvelles de la maison sont toutes fort bonnes : que Monsieur Voigt parte me semble en somme, et de plus en plus, être la bonne solution, vu que Karl, à ce qu'il semble, commence vraiment à sortir de l'enfance, et qu'une tutelle prolongée ne ferait que le faire régresser.[112] Toujours est-il que je me réjouis qu'il reste à Berlin et qu'ainsi on ait l'occasion de le voir fréquemment et que sa présence constitue aussi pour Karl une espèce

---

[109] Henriette, sœur d'Hélène Weber était mariée à l'historien Adolf Hausrath et vivait avec sa famille dans la villa de ses grand-parents à Heidelberg.

[110] Adolf Hausrath était fâché contre son fils August. Le fils cadet Hans Hausrath étudiait la sylviculture à Munich

[111] Il s'agit de Paula Hausrath

[112] Hermann Voigt, le précepteur de Karl, le frère de Max Weber

d'avertissement. Qu'Otto n'ait pas été choisi, voilà qui est fort dommage ; avec son pessimisme habituel, mon oncle semble déjà avoir considéré que cette affaire était sans espoir, par conséquent il n'en était pas particulièrement fâché ; le professeur Novack auquel j'ai parlé hier l'était en revanche d'autant plus[113].[114] Otto viendra ici mardi. Pour finir en ce qui me concerne, je n'ai pas à me plaindre, bien au contraire. Je suis tombé sur la compagnie la plus agréable. De bons camarades intellectuellement inspirés, et des supérieurs aimables. Le service me convient excellemment, un vrai plaisir après le service judiciaire monotone et mécanique des deux derniers mois[115]. Comme je ne pouvais en somme le considérer autrement que comme une perte de temps, et que de toute manière, ces derniers temps le travail ne me réussissait pas aussi facilement que je l'avais espéré, cette activité n'aurait fait que me dépiter plus encore que ce n'était déjà le cas par moments. Cependant à présent, il n'est pas question de travail intellectuel, pour peu qu'on ne veuille pas compter comme tel l'étude du règlement des exercices et celle des consignes pour le nouveau fusil. D'ailleurs, il n'y aurait pas le moindre intervalle de temps pour s'y adonner. Je vois à l'instant que la matinée sans service que j'avais bien entamée en dormant est passée, et qu'il est temps d'aller manger au mess, c'est pourquoi je préfère terminer pour que cette lettre parte encore.

Salutations cordiales à mon père et à tous les frères et sœurs ainsi qu'à Monsieur Voigt

Ton fils Max

---

[113] Otto Baumgarten avait posé sa candidature au poste de prédicateur à l'hôpital Frederik Guillaume de Berlin .

[114] Wilhelm Novack, Professeur de théologie protestante à Strasbourg, un ami d'Otto Baumgarten

[115] Dans le cadre de son stage de licence en droit Max Weber était depuis décembre 1886 au tribunal de Berlin

*

Strasbourg, le 16 mars 1887

Chère Mère,[116]

Cela me semble un demi-siècle depuis la dernière fois que j'ai donné de mes nouvelles. Il faut dire que vous aussi, vous m'avez fait longtemps attendre de vos nouvelles, et il semble presque que notre correspondance se volatiliserait pour prendre la voie indirecte via Tante Nixel. Toujours est-il que cela fait une bonne semaine que j'ai appris par ta lettre détaillée quelle est la situation. Après qu'aujourd'hui la présentation de la compagnie ait marqué la fin des jours fatigants, c'est-à-dire coûtant à l'officier plus de temps que de fatigue - et qu'ainsi, la partie essentielle de ma période est terminée, le reste de mon séjour s'annonçant épuisant, moins par le service que par les innombrables activités d'adieux, il est grand temps pour moi de donner des nouvelles détaillées.

Voilà que, Dieu merci, nous nous retrouvons dans la paix la plus assurée et il semblerait que les soucis que l'on s'est faits à ce propos, au moment précis de mon départ

[116] Cette lettre comporte deux versions, la première fut publiée dans les Jugendbriefe de 1936, la seconde a été publiée dans les Œuvres complètes, volume II/2 Briefe (1887-1917)

pour ici, aient été totalement infondés.[117]Quand on a vécu, ce qui se passe ici du point de vue militaire, l'on ne saurait que considérer comme absurde, voire infâme, l'affirmation des organes de presse libéraux comme quoi ces clameurs guerrières auraient été mises en scène à des fins électorales. Je ne crois pas du moins, que c'est en vain qu'on remplisse jusque sous le toit, avec d'innombrables cargaisons de marchandises, telles que des conserves de viande, le bureau des subsistances d'une grande forteresse, ni qu'on développe sur les forts une activité aussi fébrile que cela a été le cas dans la première moitié de février, et comme, à ce que je crois, je l'ai décrit à l'époque.

Pour ce qui est de ma personne, j'ai en tout cas eu à l'époque, à un certain moment, la ferme conviction que ça allait se déclencher dans peu de jours et me suis pour ainsi dire complètement préparé à la guerre, si bien que mon appartement est bardé de toutes formes d'instruments meurtriers ; mes camarades ont d'ailleurs fait de même et ce sur le conseil des commandants de compagnie concernés. Cette dépense des plus considérables (presque tout l'argent que j'ai eu comme solde d'officiers et autres attributions y est passé) m'a passablement fâché par la suite lorsque la situation a changé. Je crois cependant qu'elle était difficile à éviter dans la situation d'alors, que de surcroît, vu qu'il y aura fort probablement encore une guerre de mon vivant, il me faudrait de toute façon la faire un jour ou l'autre. En outre, à l'époque justement, on pouvait se faire une idée approximative de la situation dans laquelle on se retrouverait, en étant forcé de se procurer un équipement de campagne une fois la mobilisation décrétée. En allant trouver le représentant local de l'association des officiers, j'ai appris que non seulement tout ce qui avait été disponible était vendu, mais

[117] Le ministère du général Boulanger et l'affaire d'espionnage Schnaebele ont laissé croire à des risques de guerre

qu'en outre rien qu'à partir de Strasbourg des commandes d'équipement de campagne à hauteur de huit mille marks avaient été faites. Par la suite, il m'a fallu attendre ces choses, aussi celles de première nécessité, si longtemps, qu'en cas de conflit j'aurai dû être stationné en campagne dans un armement de temps de paix. J'en étais arrivé là, quand il fut grand temps d'aller au mess pour le déjeuner, et l'après-midi, je suis allé à la fête d'anniversaire d'oncle Wilhelm chez les Benecke. J'y ai rencontré tante Ida, physiquement très mal en point, mais sur le point de partir en voyage pour Waldkirch afin de parler à Otto quant à ses intentions.

Sans doute, ne sais-tu pas encore qu'ayant, comme tu le sais, donné congé quant à son poste à Waldkirch, et ayant l'intention de se rendre à Halle sans poste pour y passer la licence, sous réserve d'un retour (éventuel) futur au service de l'État de Bade, Otto risque malheureusement à ce propos, d'entrer dans un conflit fort difficile avec mon oncle, et ceci moins à propos du projet en soi. Mon oncle, ne semble d'aucune façon, reconnaître le côté impératif des raisons poussant Otto à quitter son poste… Mais, comme je l'ai dit, il n'a plus d'objection majeure, il met cependant à présent cette condition qu'Otto dissolve nécessairement son ménage actuel, c'est-à-dire vive à nouveau en célibataire. Jusqu'à présent, Otto de son côté, ne peut se décider à se rendre à cette condition. C'est que cette affaire présente deux aspects. Il est clair, d'un côté, que chacun doit considérer comme insensé que quelqu'un sans poste s'inscrive à un examen dans une université, et emmène avec lui une gouvernante vu que du seul point de vue pécuniaire, il s'agit déjà d'une exigence assez inhabituelle à l'égard d'un père. Mais d'un autre côté, je ne crois pas que ce point de vue soit pour mon oncle la chose essentielle. Il me semble bien davantage, qu'il s'agirait essentiellement pour lui de mettre de côté, le reste ultime des réminiscences du statut d'homme marié d'Otto, tirant par là même un trait définitif sur tout ce qui est lié à cette partie du passé d'Otto[118]. Même si de fait, je suis décidément d'avis qu'au cas où il serait possible de réaliser tout ceci, ce serait à bien des égards, un grand bonheur pour tous ceux qui sont concernés, les libérant d'une lourde charge qui les fait toujours souffrir, je pense cependant qu'en réalité ce ne serait possible que si l'on pouvait rendre non — advenu ce qui s'est passé, comme cela n'est pas possible et qu'il faut plutôt subir les conséquences de ce qui s'est passé, je ne crois pas qu'une véritable dissolution du ménage d'Otto soit possible. Que faire par ailleurs de son actuelle gouvernante ? Celle-ci est une jeune femme très particulière, dont les conditions de vie sont vraiment liées à cet emploi chez Otto, et je ne pense guère qu'Otto puisse porter la responsabilité qui serait liée au fait d'entraver le seul intérêt dans la vie de cet être physiquement et mentalement compliqué, à l'égard duquel il a tout de même des engagements étendus. De plus, des raisons psychologiques fort manifestes font craindre qu'Otto avec ce naturel qui est le sien, ne surmonte pas sans dommages une rupture totale avec son passé, sans même parler du fait qu'intérieurement en tout cas, une telle rupture ne saurait être exigée de lui, ni de qui que ce soit d'autre. Mais, voilà que pour ma tante (et c'était la véritable raison de son voyage) cette affaire s'est encore compliquée du fait qu'à présent, suite à diverses déclarations, et à présent pour la première fois, (ce qui prouve à nouveau de façon frappante la totale ingénuité d'Otto dans tout ce domaine), elle et Otto, ont eu l'idée qu'on pourrait jaser au sujet d'une gouvernante aussi jeune qu'Otto amènerait avec lui, ce qui nuirait à la position d'Otto au sein de la paroisse, et par là même, indirectement à sa charge ; il s'ensuivrait, qu'il pourrait

[118] En tant que pasteur

s'instaurer des circonstances rendant inévitable la rupture de cette relation dans l'intérêt d'une saine activité d'Otto. Voilà que cette pensée a plongé dans un émoi tout à fait extraordinaire tous ceux qui étaient concernés, et ce surtout, parce qu'Otto est d'avis qu'en instaurant avec cette jeune fille un lien si fort, qu'une séparation ne se passerait pas sans dommages pour elle, il s'est rendu coupable à son égard. Bref, toute cette affaire, surtout par la manière dont ma tante aussi bien qu'Otto conçoivent ce genre de question, pèse bien lourdement sur toute la famille, et ils me font vraiment tous mal au cœur. (...)

Moi qui ai un horizon plus large, je prendrais la chose avec plus de calme. D'un côté je ne saurais admettre l'existence d'une culpabilité dans le cas où l'on a agi en son âme et conscience, et dans des circonstances où l'on n'était pas en mesure de prévoir que celles – ci pourraient engendrer des complications malheureuses ; j'ai eu à ce propos avec ma tante une très vive altercation ; d'autre part, l'état de cette affaire ne me semble pas si désespéré, si, contrairement à ce que font les Baumgarten dans ce cas, comme dans bien d'autres, on ne se limite pas trop strictement à poser la question : « qui du point de vue moral a raison ici, et qui a tort, », mais qu'on demande plutôt : « comment puis – je résoudre le conflit bel et bien existant en limitant les dégâts intérieurs et extérieurs pour tous ceux qui sont concernés ? » Si, comme c'est le cas à mon avis, on ne saurait penser à la rupture de cette relation sans raison absolument impérative, parce qu'en effet Otto serait responsable des conséquences, et que ces raisons absolument impératives n'existent pas, il faut à tout prix rechercher pour Otto un poste permettant pour le moment, que tout reste inchangé. D'un autre côté, une solution provisoire par exemple, pendant le séjour d'Otto à Halle ne fait sans doute pas partie des impossibilités, et alors il n'est pas exclu que le futur poste d'Otto soit de nature à permettre à la jeune fille de reprendre son emploi actuel sans mettre en danger l'activité d'Otto.

J'ai écrit de façon si détaillée sur cette affaire parce qu'elle est à l'avant-plan de mon intérêt, moi qui dois tant à ceux qui sont concernés par elle, et qui, cette fois encore suis accueilli avec une indescriptible amabilité…

*

Strasbourg, le 14 septembre 1892[119]

Chère Mère,

Enfin j'en viens à ce signe de vie dont j'avais le projet depuis si longtemps, jusque-là j'étais en mouvement sans jamais avoir l'impression d'être assis une demi-heure durant au même endroit. Mais à présent voyons les choses dans l'ordre.

Chez Clara, je suis entré impromptu le matin dans une chambre de fête d'anniversaire.[120]L'émotion, étrangère à son caractère lors de nos salutations, me fait conclure tout de même à un léger accès de mal du pays, bien qu'en enfant de l'instant, elle s'épanouisse totalement dans l'intérêt qu'elle prend à son environnement immédiat. Cet environnement, il est vrai, n'est que trop attirant. Me semblait tout particulièrement agréable la personnalité très originale, et n'induisant aucunement la sympathie au premier regard de la gouvernante, Mademoiselle Cosel qui, après un destin fort lourd (perte de ses parents et de tous ses frères et sœurs de façon très rapprochée) a trouvé là une attache. L'influence qu'elle exerce sur Clara, de

[119] Cette lettre est issue des œuvres complètes, volume Briefe II/2 1887-1917, Tübingen, Mohr, 2017

[120] Klara Weber, la petite sœur est aussi sa confidente, elle a atteind les dix sept ans

concert avec Käthe Börner, vraiment très sérieuse et agréable est nettement perceptible chez la jeune fille, dans une atténuation très réjouissante de son tempérament facile à émouvoir. Le garde général des forêts avec lequel Clara a manifestement établi la meilleure relation quant à ces trois personnes, serait, de l'avis des autres, un peu vif, ergoteur, et pas tout à fait facile à vivre, malgré tout son côté naturel, droit et sincère ; pour ce qui est de sa femme, en revanche l'engouement est général. Les enfants sont tout à fait charmants.

Après un voyage sans sommeil avec un compagnon qui s'était désinfecté au musc, j'étais vraiment fort fatigué et continue à présent d'avoir un sommeil colossal comme un mort.[121] Ce que nous avons fait, les filles l'ont sûrement raconté dans leurs lettres. N'ayant pas eu de nouvelles de Stuttgart, je me suis rendu à Heidelberg où pour commencer j'ai logé à la pension « Waldhorn » dans mon ancienne chambre. Chez les Benecke, j'ai trouvé l'accueil habituel d'une cordialité touchante, et oncle Adolphe, chez lequel j'ai déjeuné jeudi, était d'une amabilité tout à fait extraordinaire, j'ai eu pour la première fois l'impression de ne pas devoir, comme jadis, prendre des gants avec lui Ma tante produit malgré tout une impression atténuée en ce qui concerne ses préoccupations par rapport à jadis August était là aussi et a *beaucoup* évolué dans un sens agréable, il est instituteur faisant preuve en cela d'un intérêt vraiment sérieux bien qu'il n'ait pas abandonné l'idée de l'habilitation. Il est encore un peu agité bien sûr, et aux yeux de mon oncle, Hans se situe bien au-dessus de lui[122]. Laura est métamorphosée à en être méconnaissable, agile et vraiment gaie, les autres par exception vont tous bien depuis déjà un certain temps[123]. Il y a bien des choses

[121] Il y avait à l'époque une épidémie de choléra
[122] Hans Hausrath
[123] Laura Hausrath

dont je vais encore vous rendre compte oralement, toujours est-il que j'ai rarement trouvé cette maisonnée en aussi bon état.

Puis, vendredi matin, je suis allé à Stuttgart. Otto est resté à Iéna et il y a fort à faire avec l'œuvre posthume de Lipsius, dont la mort constitue vraiment un malheur pour lui, vu qu'il était le seul collègue dont il était proche[124]. Une perspective semble s'ouvrir à lui à Eisenach (on y ouvre un cours - *ici*, non).

J'ai trouvé tante Ida physiquement bien portante, moralement libérée de la rigueur et de la tension d'autrefois, calme et résignée. Intérieurement tous ses intérêts se sont fondus dans son souci pour ses deux pauvres enfants, tout le reste, et à ce titre Otto aussi, s'est bien éloigné d'elle[125]. Quand, après une vie si dure, eu égard à son individualité qu'on ne changera plus, il aura fallu qu'elle connût le coup si rude de ne pouvoir offrir à ses enfants qui lui donnent bien du souci le soutien sur lequel ils pourraient se régler ; et une fois ceci surmonté, elle a certainement rompu avec bien des choses. Sa résignation est sujette à caution uniquement parce qu'elle risque de considérer comme allant de soi une existence parmi des malades. En ce qui concerne sa relation à ses enfants, le point décisif est manifestement le suivant : Emmy et Anna ont besoin, comme tous ceux qui sont malades des nerfs, d'une personnalité qui puisse les soutenir et qui de ce fait, constitue à leurs yeux un point fixe calme. C'est ce que ma tante n'est pas, et il est impossible que ces jeunes filles ne ressentent pas, à travers chaque mot qu'elle prononce, que c'est elle qui par toutes ses pensées sans exception, tourne autour d'elles. Elles ont besoin en revanche, d'un soutien présentant un centre

---

[124] Otto Baumgarten se trouvait à Iéna où il était chargé de cours de théologie

[125] La sœur d'Emmy Baumgarten, Anna, était aussi malade des nerfs, et avait été placée à la clinique Ottilienhaus

d'intérêt autonome, un centre de gravité qui lui soit propre en quelque sorte, et c'est pourquoi ma tante peut d'autant moins leur offrir ce point de repos, qu'elle est plus absorbée par le souci qu'elle se fait pour ses filles. Cela, une quelconque tierce personnalité en serait plutôt capable, en étant calme dans son activité, et en leur permettant de se rallier à elle. Ainsi par exemple Mademoiselle Wildermuth, que j'ai vue, et qui tout n'en étant rien moins qu'intellectuellement significative, était cependant riche de cœur, objective, énergique et prise par une profession comportant bien des activités. Son frère le psychiatre bien connu, produit une impression extrêmement agréable, il rappelle Jolly, si ce n'est que son apparence est plus brillante, presque imposante.

En ce qui concerne l'impression produite par les filles je dirai qu'Anna s'est développée de façon étrange : bien plus libre, d'une plus grande aisance et d'une inspiration plus autonome, comme cela n'a jamais été le cas à Berlin, et vraiment sans aucun trait maladif décelable. Le seul aspect maladif, c'est que cet état est le produit de sa possibilité de se rallier à Mademoiselle Wildermuth qui est pour elle un oracle infaillible (par rapport à cinq ans auparavant). Emmy va bien mieux et marche à nouveau davantage ; extérieurement, elle produit un effet dans lequel, il est à peine possible de déceler un changement : un peu plus mince, mais outre cela, un teint florissant comme jadis, rapide et habile dans ses mouvements[126]. Mon impression était cependant douloureuse, dans la mesure où c'était comme si vous aviez en face de vous quelqu'un d'un autre monde. Résignée, ses intérêts se concentrent sur la chambre commune de malades. Elle n'est capable de lire que par tranches d'un quart d'heure, guère plus pour ce qui est de la marche, et sa seule occupation ce sont les cours qu'elle donne à un garçon

---

[126] Max Weber avait vu Emmy Baumgarten pour la dernière fois en 1887

idiot. Pour autant que j'aie pu voir, ni ses forces physiques ne sont sérieusement diminuées, ni la volonté ne lui fait défaut ; seul présente un dysfonctionnement, un maillon intermédiaire du cerveau qui devra pour commencer, reprendre sa fonction. La preuve en est que, d'après ses dires, les efforts physiques entraînent chez elle non seulement la fatigue, mais des états d'angoisse. On envisage qu'il faille *des années* pour obtenir une amélioration définitive. Anna va à présent gagner Stuttgart pour être mise en apprentissage de cuisine. Je pense que l'on va procéder de manière à ce que le retour à la maison paternelle soit toujours considéré comme temporaire ; elle ne saurait se passer continuellement de Fraülein Wildermuth pour un temps défini.

Dimanche, j'ai passé une journée très agréable à Heidelberg, lundi à Karlsruhe. Ma tante est résignée et calme ; Lieserle très épuisée, mais outre cela, calme elle aussi ; Philippe qui s'y trouve maintenant, et Marie Fallenstein amènent de la vie dans la maison, Philippe est vraiment très agréable, gai et très aimable envers sa sœur. Malheureusement les choses vont très mal chez Julius, son enfant bien aimé a eu la troisième convulsion cérébrale et il risque de s'être formé des tissus épileptiques dans le cerveau. Manifestement August Hausrath est pour les Jolly, qui l'aiment beaucoup, un facteur très stimulant et il est souvent chez eux.

Pour l'instant, je suis seul ici avec mon oncle qui se sent à l'aise comme je ne l'ai vraiment jamais vu ; hier nous avons bavardé d'innombrables heures durant[127]. Ma tante arrive ce soir. Je compte me rendre dès maintenant avec Fritz à Offenburg en compagnie de Monsieur von Schubert[128]. J'ai parlé à Sering, par ce temps magnifique nous comptons nous mettre en route demain ou après-

[127] Il s'agit de Hermann Baumgarten

[128] Offenburg se trouve en pays de Bade, non loin de Strasbourg

demain.[129]J'ai vu bien des gens : Erdmansdörfer et Beckker à Heidelberg, Schulte, le concurrent ultramontain de Marck pour Freiburg, à Karlsruhe, et Knapp ici etc…

J'espère rencontrer Otto à Iéna au retour. Je vais écrire tout à l'heure à Göhre et envoyer les choses[130]. J'ai été assailli par un manque d'envie de travailler absolument sans bornes, les corrections avancent doucement mais ne pressent pas non plus à présent[131]. Merci beaucoup pour tous les envois et les lettres, je suis horriblement paresseux pour écrire vu que j'ai des difficultés physiques : cet affreux griffonnage m'a valu la tremblote de la main.

---

[129] Pour une randonnée dans les Vosges Max Weber avait pris rendez -vous avec un ami strasbourgeois Altdeutsche.

[130] Paul Göhre, son ami, est un ami de la famille Weber, il va travailler avec Max Weber sur une enquête sur les paysans de Prusse Occidentale.

[131] Max Weber devait apporter des corrections au compte-rendu des enquêtes menées à l'Est de l'Elbe. L'assemblée générale du Verein ne peut avoir lieu en raison de l'épidémie de choléra, elle est reportée à l'année suivante.

ILLUSTRATIONS

Fig. 1 :Max Weber Militaire au 2° régiment d'infanterie de Basse-Silésie

Fig 2 : Hermann Baumgarten (1828-1893)
Professeur d'histoire et de littérature
Kaiser Wilhelm Universität, Strasbourg

Fig.3 : Visite du Kaiser dans l'aula du Palais Universitaire, 1886
Photo : Gerschel Mathias

Fig 4 : Ernst BENECKE, Professeur de géologie à l'Université Kaiser Wilhelm, Strasbourg (1838-1917)

Fig.5 : La maison des Benecke 47, Rue Goethe aujourd'hui

Fig. 6 : Les environs de la maison Baumgarten : l'Orangerie.

Fig. 7 : Maison des Baumgarten : 2, Orangerie Ring

Fig. 8 : Parade de Sa Majesté Guillaume Ier au Polygone de Strasbourg

L'Empire Allemand

1871–1918

BIBLIOGRAPHIE

John E.Claig, Scholarship and Nation-building. The universities of Strasbourg and Alsacian Society, 1870-1939, Chicago, The University Chicago Press, 1984,

Elisabeth Crawford, Josiane Olff- Nathan (sous la direction de) La science sous influence. L'Université de Strasbourg enjeu des conflits franco-allemands (1872-1945), Strasbourg, La Nuée Bleue, 2005

Marie Noëlle Denis, L'université impériale de Strasbourg et le pangermanisme, In Revue des Sciences Sociales de la France de l'Est, 1993, p 7-17

Suzie Guth, Roland Pfefferkorn (sous la direction de) Strasbourg, creuset des sociologies allemandes et françaises, Paris, L'Harmattan, 2019

Charles Grad, La nouvelle université de Strasbourg, In Revue Internationale de lEnseignement, 1884, p 564-572

Elly Heuss- Knapp, Souvenirs d'une Allemande de Strasbourg (1881-1934), Strasbourg, Oberlin, 1996

Paul Honigsheim, The unknown Max Weber,Transaction Publishers, New Brunswick (USA), Londres, 2003, 2° édition

Stéphane Jonas, Annelise Gérard, Marie -Noëlle Denis, Francis Weidmann, Strasbourg, capitale du Reichsland Alsace -Lorraine et sa nouvelle université (1871- 1918)

Camille Jullian, Notes sur les Séminaires historiques et philologiques des universités allemandes In Revue internationale de l'enseignement, 1884, p289-310
Dirk Kaestler, Max Weber, Preuße, Denker, Muttersohn. Eine Biographie, Nördlingen, C.H. Beck Verlag, 2014
Mgr Kannengieser, Les Universités allemandes contre l'empereur. L'affaire Mommsen- Spahn, In Le Correspondant, 10 janvier 1902, p 42-70
Médard Frère, L'Alsace fidèle à elle-même ? La bibiothèque alsacienne, La Nuée Bleue, Strasbourg, 1990
Radkau Joachim,Max WeberA biography,Malden, Polity Press, 2009
Robert Redslob Alma Mater, mes souvenirs des universités allemandes, Editions Berger-Levrault, Strasbourg, 1958
Guenther Roth, Max Weber Deutsch- Englische Familien Geschicht 1800-1950 mit Briefen une Dokumenten, Tübingen Mohr (Siebeck), 2001
Lawrence Scaff, Max Weber in America,Princeton, Princeton University Press, 2011
François Uberfill, La société strasbourgeoise entre France et Allemagne(1871-1924), Collection Recherche et documents, t 67, Publications de la Société Savante d'Alsace, 2001
Marianne Weber, Max Weber a biography, Transaction Publishers, New Brunswick (USA), Londres, 2003, 3° édition
Marianne Weber, Jugendbriefe, Tübingen, Mohr (Paul Siebeck), 1936
Max Weber, Gesamtausgabe, volume II/2, Briefe 1887-1894, Tübingen, Mohr Siebeck, 2017
Max Weber, Economie et Société, Plon, 1971, 1° édition
Max Weber, Les Communautés, Paris, Editions La Découverte, 2019

TABLE DES MATIÈRES

OUVRAGES DU MEME AUTEUR

Suzie Guth, Exil sous contrat : les communautés de coopérants, Paris, Silex, 1984

Suzie Guth, En collaboration avec René Guth, Le Dictionnaire de l'enseignement en Afrique, volume X, Aubenas, Librairie Intercontinentale, 1987

Suzie Guth, La formalisation du social, Cousset, Editions Delval, 1988

Suzie Guth, Les Forces françaises en Allemagne. La citadelle utopique, Paris, L'Harmattan, 1991

(Sous la direction de Suzie Guth) L'insertion sociale, Paris, L'Harmattan, 1994

(Sous la direction de Suzie Guth) Une sociologie des identités est-elle possible ? Paris, L'Harmattan, 1994

(Sous la direction de Suzie Guth) Traduction de William F.Whyte, Street Corner Society. La structure sociale d'un quartier italo-américain, Paris, La Découverte, 1995

Suzie Guth, Lycéens d'Afrique, Paris, L'Harmattan, 1997

William Isaac et Florian Znaniecki, Fondation de la sociologie américaine, Paris, L'Harmattan, 2000, Préface et traduction de Suzie Guth

Suzie Guth, Chicago 1920. Aux origines de la sociologie qualitative, Paris, Téraèdre, 2004

Suzie Guth, Histoire de Molly, fille de joie. San Francisco 1912-1915, Paris, L'Harmattan, 2007

(Sous la direction de Suzie Guth) Modernité de Robert E.Park ; Paris, L'Harmattan, 2008

Suzie Guth, Robert E. Park. Itinéraire sociologique de Red Wing à Chicago, Paris, L'Harmattan, 2012

(Sous la direction de Suzie Guth) Dans l'intimité des cultures. Hommage à Pierre Erny, Paris, L'Harmattan, 2013.

Suzie Guth, Les gangs de jeunes Italo-Américains. Les Forty Two de Chicago (1930), Paris, L'Harmattan, 2017

Suzie, Guth, Roland Pfefferkorn, Strasbourg, creuset des sociologies allemandes et françaises. Max Weber, Georg Simmel, Maurice Halbwachs, Georges Gurvitch, Paris, L'Harmattan, 2019.

Structures éditoriales du groupe L'Harmattan

L'Harmattan Italie
Via degli Artisti, 15
10124 Torino
harmattan.italia@gmail.com

L'Harmattan Hongrie
Kossuth l. u. 14-16.
1053 Budapest
harmattan@harmattan.hu

L'Harmattan Sénégal
10 VDN en face Mermoz
BP 45034 Dakar-Fann
senharmattan@gmail.com

L'Harmattan Cameroun
TSINGA/FECAFOOT
BP 11486 Yaoundé
inkoukam@gmail.com

L'Harmattan Burkina Faso
Achille Somé – tengnule@hotmail.fr

L'Harmattan Guinée
Almamya, rue KA 028 OKB Agency
BP 3470 Conakry
harmattanguinee@yahoo.fr

L'Harmattan RDC
185, avenue Nyangwe
Commune de Lingwala – Kinshasa
matangilamusadila@yahoo.fr

L'Harmattan Congo
67, boulevard Denis-Sassou-N'Guesso
BP 2874 Brazzaville
harmattan.congo@yahoo.fr

L'Harmattan Mali
Sirakoro-Meguetana V31
Bamako
syllaka@yahoo.fr

L'Harmattan Togo
Djidjole – Lomé
Maison Amela
face EPP BATOME
ddamela@aol.com

L'Harmattan Côte d'Ivoire
Résidence Karl – Cité des Arts
Abidjan-Cocody
03 BP 1588 Abidjan
espace_harmattan.ci@hotmail.fr

L'Harmattan Algérie
22, rue Moulay-Mohamed
31000 Oran
info2@harmattan-algerie.com

L'Harmattan Maroc
5, rue Ferrane-Kouicha, Talaâ-Elkbira
Chrableyine, Fès-Médine
30000 Fès
harmattan.maroc@gmail.com

Nos librairies en France

Librairie internationale
16, rue des Écoles – 75005 Paris
librairie.internationale@harmattan.fr
01 40 46 79 11
www.librairieharmattan.com

Lib. sciences humaines & histoire
21, rue des Écoles – 75005 Paris
librairie.sh@harmattan.fr
01 46 34 13 71
www.librairieharmattansh.com

Librairie l'Espace Harmattan
21 bis, rue des Écoles – 75005 Paris
librairie.espace@harmattan.fr
01 43 29 49 42

Lib. Méditerranée & Moyen-Orient
7, rue des Carmes – 75005 Paris
librairie.mediterranee@harmattan.fr
01 43 29 71 15

Librairie Le Lucernaire
53, rue Notre-Dame-des-Champs – 75006 Paris
librairie@lucernaire.fr
01 42 22 67 13

www.ingramcontent.com/pod-product-compliance
Lightning Source LLC
LaVergne TN
LVHW010430230826
846092LV00009BA/1109

9782343201436